Überflieger

Herausgegeben von Christof Kehr

Wer neugierig ist auf andere Länder und ihre Menschen, der kommt um Sprachkenntnisse nicht herum. **American Slang in letzter Minute** bietet den Einstieg für alle, die auf ein Schulenglisch zurückgreifen können, aber doch bald merken, daß sie damit in Nordamerika nicht weit kommen. Wer dieses Buch, möglichst mit der dazugehörigen Cassette (rororo sprachen 9705), durcharbeitet, der erwirbt dank einer ausgefeilten Methode die Fähigkeit, sich in den USA und Kanada wirklich zu verständigen. Informationen zum Alltagsleben und jede Menge praktischer Tips verkürzen den Weg zu der anderen Kultur. Das amerikanisch-deutsche Wörterbuch im Anhang hilft immer dann, wenn es Unverständliches zu entschlüsseln gilt.

Uwe Kreisel, Amerikanist und Germanist, hat in den USA studiert, gearbeitet und dort nahezu alle Bundesstaaten bereist.

Pamela Ann Tabbert, US-Amerikanerin aus Wisconsin, lebt als freie Autorin abwechselnd in den USA, Deutschland und China.

In der Serie **Überflieger** sind bislang erschienen: Hanne Schönig/ Hatem Lahmar **Arabisch in letzter Minute** (9541/ 9542), Isabelle Jue/Nicole Zimmermann **Französisch in letzter Minute** (9628/9629), Frida Bordon/ Giuseppe Siciliano **Italienisch in letzter Minute** (9626/9627), Iain Galbraith/Paul Krieger **Englisch in letzter Minute** (9630/9631) und Christof Kehr **Spanisch in letzter Minute** (9526/9527).

8.–11. Tausend Mai 1994

Originalausgabe
Veröffentlicht im Rowohlt Taschenbuch Verlag GmbH, Reinbek bei Hamburg, Januar 1994
Copyright © 1994 by Rowohlt Taschenbuch Verlag GmbH, Reinbek bei Hamburg
Umschlaggestaltung **Susanne Müller**
Grafik-Konzept **Alexander Urban**

Layout und Grafik **Tanja Müller**
Satz **Frutiger und Adobe Garamond,
PostScript Linotype Library, Quark XPress 3.11 (Linotronic 500)**
Druck und Bindung **Clausen & Bosse, Leck**
Printed in Germany
1290-ISBN 3 499 19623 9

Pamela Ann Tabbert
Uwe Kreisel

American Slang

in letzter Minute

Ein Sprachführer für
Kurzentschlossene

Rowohlt

Inhalt

Vorwort

S lang ersetzt die Vokabeln der englischen Normalsprache, die wir brav in der Schule gepaukt haben, durch informelles, flippiges Vokabular, das neues Leben, neue Bewegung in die verstaubte Standardsprache bringt. Ob solch ein Slang-Ausdruck auch beim Präsidenten-Dinner noch akzeptabel ist oder schon unter das Jugendschutzgesetz fällt, ist eine ganz andere Geschichte. Wir verfolgen in «American Slang in letzter Minute» einen durchweg liberalen Ansatz: Alles, was für das Sprechen und Verstehen der modernen amerikanischen Umgangssprache wichtig ist, verdient die Aufnahme in dieses Buch. Wir schrecken vor nichts zurück, auch die Freunde ausgesuchter Sprachferkeleien werden auf ihre Kosten kommen. Allerdings warnen wir unsere Leser vor Ausdrücken, die entweder vulgär oder tabuisiert sind. Wir wollen ja nicht, daß Sie sich um Kopf und Kragen reden.

Daß man sich in englischen Redewendungen und *idioms* schulen sollte, ist mittlerweile auch bis zu deutschen Gymnasien durchgedrungen. Doch gerade Slang kennt eine Vielzahl von *idioms*, die unseren Schulbuchmachern entgangen sind und die im nordamerikanischen Alltag ungleich wichtiger sind als die hochsprachlichen Vettern. Die meisten US-Amerikaner und Kanadier benutzen im Gespräch eine lockere Ausdrucksweise. Dem Fremden klingeln derweil die Ohren: Alles hört sich ganz wunderbar nach Englisch an, jedes Wort wird «irgendwie verstanden», doch von der Klarheit des Verstehens ist man noch weit entfernt. Verstanden werden nur Einzelwörter, nicht die Bedeutung im Zusammenhang. Wer im Busbahnhof mit «Where ya headed?» angesprochen wird, der braucht erst ein paar Schrecksekunden, bis ihm dämmert, daß er nach seinem Reiseziel gefragt wird. «Wo soll's denn hingehen?» –

obwohl jovial gemeint – ist für jeden Ausländer schwieriger zu verstehen als trockenes Lehrbuchdeutsch: «Wohin reisen Sie?»

Der Verslangungsgrad der deutschen Sprache – wir sind «abgenervt», lassen gelegentlich «die Sau raus», finden etwas «echt geil», fühlen uns nicht erschöpft, sondern «ausgelutscht» – wird von der amerikanischen noch übertroffen. Im Grunde müßten wir jedes Jahr einen Update-Band mit den aktuellen Neuerungen herausbringen. Material gäbe es genug. Aber auch so haben wir die Ohren aufgesperrt und dem Volk aufs Maul geschaut, um guten Gewissens sagen zu können, daß wir eine Mischung von Slang-Klassikern und Slang-Novitäten zusammengetragen haben, die so schnell nicht ihr Haltbarkeitsdatum überschreiten wird.

Ein Wort der Warnung zum Schluß: So schön es auch sein kann, im rechten Moment mit einem saftigen Slang-Schimpfwort aufzutrumpfen – man sollte sich gerade hier in vornehmer Zurückhaltung üben. Trainieren Sie vor allem Ihr Hörverstehen. Den Slang-Verdienstorden am Bande dürfen Sie erst dann mit Stolz tragen, wenn Sie einer amerikanischen Sitcom (situation comedy) vom Schlage «Married with Children» auch auf englisch ohne Mühen folgen können. Wenn Sie über Al Bundys Gags an der richtigen Stelle lachen, ohne auf das Gejohle vom Tonband warten zu müssen, haben Sie wahrscheinlich mehr für Ihre Sprachkenntnisse getan, als wenn Sie Al Bundys Zoten selbst in den Mund nähmen.

Pam Tabbert und Uwe Kreisel

Gebrauchsanweisung

Blättern Sie das ganze Buch einmal durch und machen Sie sich den Aufbau klar:

1. Fünf Themen mit zehn Lektionen
2. Lösungen der Übungen und Tests
3. Wörterbuch amerikanisch-deutsch

Jede Lektion besteht aus zwei oder drei Dialogdoppelseiten, die zur Vor- und Nachbereitung von reichlich Zusatzmaterialien ergänzt werden. Dabei folgt jede Lektion dem gleichen Schema.

Die Bedeutung der Zeichen

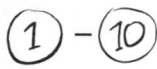 Damit Sie Ihr Arbeitspensum leichter gliedern können, haben wir jedes Kapitel in zwei Lektionen eingeteilt. Die Zahl in der Kopfzeile zeigt Ihnen an, welche Lektion Sie gerade durcharbeiten.

 Die Rubriken «Alle Wörter» und «Prüfstand» finden sich jeweils nach zwei Lektionen am Ende eines Kapitels. In der Kopfzeile weist ein großes «Z» auf den zusammenfassenden Charakter dieser beiden Rubriken hin.

 Lernen läuft nicht nur übers Lesen, sondern auch übers Hören. Was den einen Lerntyp vom anderen unterscheidet, ist die Gewichtung: mehr Lesen oder mehr Hören. Wir bieten beide Möglichkeiten, denn zum Buch gibt es die Cassette. So kann jeder selbst wählen, ob er Wörter und Dialoge zuerst liest oder hört, und damit die Sprechwerkzeuge nicht rosten, gibt es zu jeder Lektion eine Nachsprechübung.

 Thematische Wortlisten, Sprachhinweise und Aussprachetips, die beim Lernen und Sprechen helfen.

 Der Koffer steht für zusätzliche Informationen, die auf der Reise weiterhelfen könnten.

Gebrauchsanweisung

Der Aufbau der Lektionen

Lesen

Hier bemühen wir uns nicht um eine objektive Darstellung amerikanischer Kultur, sondern um Momentaufnahmen aus Amerika, Dinge, die uns auffielen, gefielen oder mißfielen. Wir möchten Sie aufmerksam machen auf Landestypisches, das Ihnen sonst vielleicht verborgen geblieben wäre. Wenn dabei gelegentlich der eine oder andere Sachverhalt zu plakativ dargestellt wird, so ist das volle Absicht. Bilden Sie sich ihr eigenes Urteil, überprüfen Sie unsere Texte anhand Ihrer Erlebnisse.

Lernen

Ein Überblick über die wichtigsten neuen Vokabeln, die Ihnen beim Verstehen des Dialogs helfen. Ein nachgestelltes ⟨!⟩ mahnt zur Vorsicht, hier handelt es sich um Vulgärsprache oder um Beleidigungen. Bei besonders schweren Fällen benutzen wir ⟨!!⟩. Den gesamten Inhalt von «Lernen» können Sie sich auch auf der zu diesem Buch produzierten Cassette anhören.

Slang

Standard

Auf dieser Doppelseite geht es richtig zur Sache: links der Slang-Dialog, rechts die Übertragung in braves Standard-Englisch. Außerdem finden Sie hier noch ein paar Zeilen, die Ihnen die Personen und den Ort der Handlung vorstellen. Versuchen Sie zuerst, den Dialog ohne Wörterbuch zu verstehen; wenn Sie nicht mehr weiterkommen, schlagen Sie ein paar Seiten weiter am Ende der Lektion unter «Alle Wörter» nach, dort finden Sie zu jedem neuen Ausdruck eine deutsche Annäherung. Sie sollten sich ab und an den Spaß machen, Slang-Ausdrücke wörtlich zu übersetzen – notfalls mit Hilfe eines Wörterbuchs. Zum Teil lassen sich Slang-Ausdrücke nicht in Standard-Englisch übertragen. In solchen Fällen behelfen wir uns mit einem Wort in Klammern, das die Redeabsicht klarmacht. Beispielsweise wird aus dem Slang-Ausdruck «What the fuck!» auf der Standard-Englisch-Seite «(Anger!)». Folgende Umschreibungen setzen wir ein: (anger!) Verärgerung; (annoyance!) Genervtheit; (disbelief!) Unglauben; (disgust!) Ekel; (embarrassment!) peinliches Gefühl, jemand schämt sich; (envy!) Neid; (excite-

ment!) Begeisterung; (filler!) Füllwort ohne tragende
Bedeutung; (pleasure!) Vergnügen; (surprise!) Über-
raschung. Wem das nicht reicht, der findet einen auf
die Situation bezogenen Übersetzungsvorschlag im
Anhang. Aus «What the fuck» wird dort ein nach-
empfundenes «Was zum Teufel ...». Cassettenbesitzer
dürfen sich freuen, denn sie bekommen den Slang-
Dialog von *native speakers*, Muttersprachlern, vorge-
spielt.

Üben

Jetzt beginnt der Ernst des Lernens. Diese Doppelseite
klopft ab, ob Sie den Dialog auch richtig verstanden
haben, und hilft überdies, neues Sprachmaterial ein-
zuschleifen. Alle Lösungen finden Sie im Anhang unter «Schlüssel». Auf der Cassette konzentriert sich
eine Nachsprechübung, die auch ohne Buch leicht zu
schaffen ist, auf typische Slang-Formen wie «gimme,
gotta, wanna». Hier sollen Sie hauptsächlich an
Sicherheit im Umgang mit der «Slang-Grammatik»
und «Slang-Aussprache» gewinnen.

Alle Wörter

Am Ende jedes Themas finden Sie die neuen Wörter,
nach Dialogen geordnet, im alphabetischen
Überblick.

Prüfstand

Frischt nach jeder zweiten Lektion die Erinnerung
wieder auf, ist ansonsten aber auch nicht viel schwe-
rer als die Fragen in den *game shows* des US-
Fernsehens. Hier sollen Sie testen, was von den
Dialogen hängengeblieben ist. Die Lösungen finden
Sie im Anhang unter «Schlüssel».

Das Angebot im Anhang

Schlüssel

Der Schlüssel bringt die Lösungen aller Übungen und
Tests und dient der Selbstkontrolle.

Wörterbuch

Im Anhang finden Sie ein Wörterbuch, das zusätz-
liches Material mit dem aus den Dialogen bekannten
Wortschatz verbindet.

My Wheels

Auto und Verkehr

«Fill her up, Mac!» Die freundliche Aufforderung gilt dem Tankwart, und «sie» ist die vierrädrige Freundin, das Auto. Fast kommt es einem vor, als hätten die Amerikaner den vierbeinigen Freund aus Cowboytagen gegen das Auto eingetauscht. Deutlich wird das in ländlichen Gebieten: Jeder zweite läßt den Pkw verschämt in der Garage und fährt stolz seinen *pickup truck*, eine Kreuzung zwischen Personenwagen und Kleinlaster. Das Führerhaus eines *trucks* ziert oftmals ein *gun rack* (Gewehrhalter), und die Ladefläche wird mit der *cap*, einem Kabinenaufsatz, aufgewertet. Bei echten *rednecks* dürfen Macho-Attribute wie Überrollbügel (roll bar), Insektenabwehrschild (bug protector) und überdimensionierte Reifen nicht fehlen. *Redneck* ist ein nicht eben schmeichelhafter Ausdruck für weiße Amerikaner auf dem Lande, oft Südstaatler, die sich, dank ihrer extrem konservativen Einstellung und ihres niedrigen Bildungsniveaus, schnell zu sexistischen und rassistischen Aussagen und Taten hinreißen lassen. Karohemd, enge Jeans mit gewaltigen Gürtelschnallen, *baseball cap* (Baseballmütze) und *pickup* gehören zur Grundausstattung des sonnengegerbten «Rotnackens». Randy Newmans *Good-Old-Boys*-Album bringt das Redneck-Lebensgefühl auf den Punkt: «We're rednecks, we're rednecks, we don't know our ass from a hole in the ground ... but we're keeping the niggers down.» Zu deutsch: «Wir können nicht mal unsern Arsch von 'nem Loch in der Erde unterscheiden ... aber wir halten die

Nigger immer schön am Boden.» Das intellektuelle, aufgeklärte Amerika findet im *redneck* sein perfektes Gegenstück.

Ruhig fließt der amerikanische Straßenverkehr über die *high-, free-* und *expressways*, denn abgesehen von den *pickups* verzichtet nahezu jeder Wagen auf Schaltgetriebe samt *stick shift* (Schaltknüppel) und vertraut auf die Automatik. Auf den *interstates*, den «Bundesautobahnen», herrscht, vor allem in den Flächenstaaten, die große Ruhe, wenn der Fahrer den Bleifuß vom Gas nimmt und die *cruise control* (Tempomat) aktiviert. Immer nur geradeaus, Meile für Meile. Entsprechend anders bewertet der Amerikaner Entfernungen: Ja, doch, die Millers wohnen ganz in der Nähe, gerade mal drei, vier Autostunden von hier.

Doch trotz aller Ruhe auf den Highways kann einem gelegentlich etwas mulmig werden, wenn rechts *und* links überholt wird. Auch beim Abbiegen ist man kulant: Nahezu alle Staaten erlauben den *right turn on red*, das Abbiegen bei Rot.

Auf der *interstate* locken riesige Reklametafeln *(billboards)* zum nächsten *truck stop* (hier halten die echten *trucks*, die großen Sattelschlepper) oder zum nächsten Kettenrestaurant. Wer erst mal bis vor die Pforten eines solchen Etablissements gerollt ist, braucht den Motor meist gar nicht erst auszuschalten. Das *drive-thru restaurant* serviert durch die herabgekurbelte Seitenscheibe. Wer es darauf anlegt, kann vier Wochen USA-Urlaub machen, ohne aus dem Mietwagen zu steigen: Geld gibt's am *drive-thru window* der Geldinstitute, Post wird bequem in den Auto-Briefkasten *(drive-up mailbox)* geworfen, nur *drive-in movies are a dying breed* und sterben langsam aus. Der kleinste Gang wird in den Staaten mit dem Auto erledigt. Selbst der *liquor store* an der Ecke hat seinen eigenen Autoschalter, um reichlich *six-packs* unter die autofahrenden Massen zu bringen. Gut, daß viele sich an die Regel «Don't drink and drive» halten und bei Gelagen schon vorab einen *designated driver* festlegen, der oder die nüchtern bleibt, um später Taxidienste zu verrichten. Denn die *cops*, die Bullen, lauern garantiert mit dem *breathalyzer*, dem «Tütchen», an der nächsten Straßenkreuzung.

Breakfast radio: Wer auf dem Weg zur Arbeit im Stau oder vor der Ampel steht, hört Frühstücksradio. Dank des portablen Telefons *(cellular phone)* beziehungsweise der autogerechten Telefonzelle *(drive-up phone booth)* kann jeder Autofahrer an den *call-in shows* teilnehmen. Solche *radio shows* sind höchst vergnüglich, bis dann, direkt aus dem Verkehrshubschrauber, die neuesten Verkehrsdurchsagen kommen: «Due to rush hour, traffic is heavy right now with a lot of stop-and-go traffic.» Gab's dann irgendwo noch einen Unfall, nerven die Schaulustigen, die *rubbernecks* (Gummihälse).

Tüten oder Schilder?

Was machen Strafgefangene im Knast? Klar doch, Tüten kleben. Und in den USA? Das US-Klischee kennt keine Tüten. Statt dessen müssen die armen *convicts* (Gefangenen) im *slammer* (Knast) immer nur Nummernschilder *(license plates)* prägen.

On the street

What the fuck is wrong with you? ⟨!!⟩ Was zum Teufel ist denn in dich gefahren?

Gimme a break. Jetzt mach mal halblang.

This lemon isn't worth shit. ⟨!⟩ Diese Schrottkiste ist wertlos.

like a bat outta hell wie von der Tarantel gestochen

Watch your language! Paß auf, was du sagst!

I don't have to take any shit from you. ⟨!⟩ Das muß ich mir nicht gefallen lassen.

Don't push your luck! Forder' dein Schicksal nicht heraus! Überspann den Bogen nicht!

I'm not chicken. Ich bin kein Angsthase.

a fender-bender Unfall mit Blechschaden

Kurznamen fürs Auto

Beemer:	BMW
Benz:	Mercedes-Benz
Beetle *or* Bug:	VW Käfer
Caddy:	Cadillac
Chevy:	Chevrolet
a limo, a stretch limo:	Luxus-Limousine
Merc:	Mercury
RV, recreational vehicle:	Campingbus
T-Bird:	Thunderbird
Vette:	Chevrolet Corvette

Welcome to the Motel California

Motels sind eine billige Übernachtungsmöglichkeit. Standard-Zimmer sind geräumig und mit Doppelbetten ausgestattet. Der Preis gilt meist pro Zimmer, nicht pro Person. Rezeptionisten kümmert es nicht, wie viele Personen im Zimmer kampieren. Zur Not kann eine vierköpfige Familie in einem Motelzimmer preiswert und halbwegs bequem übernachten. Bekannte Ketten sind *Comfort Inn*, *Motel 6*, *Budgetel Inn* und *Super 8*. «What's the best rate you can give me?» ist der Zauberspruch, der Ihnen locker zehn Prozent Rabatt einbringen kann. Handeln!

On the street
There's been a car accident. Joe drove his Mercedes Benz through a red light and into Ted's '65 Mustang. Both men are really angry. They are having an argument.

Ted: **What the fuck** is wrong with you? You just drove your **wreck** into my **Benz!**

Joe: **Watch your mouth, bud**. This car is **worth a fortune**.

Ted: **Gimme a break**. This **lemon isn't worth shit**. I hope you got insurance, 'cause I'm gonna **sue your pants off**.

Joe: **Don't get your hopes up**. You're the one who **ran** into me. You **ran a red light**. You came into the intersection **like a bat outta hell**.

Ted: **Are you dreamin'**, you **son of a bitch**? It was yella. Whatcha want me to do? **Slam on the brakes** in the middle of the **fuckin'** intersection?

Joe: Tell it to the **cops**. But you better **watch your language**. I won't **take any shit** from a **punk** like you. I could **take ya with one hand behind my back**. So don't **push your luck**!

Ted: Oh, **I've got goosebumps, shortie**.

Joe: All right, **that did it**. Now I'm **mad as hell**. Nobody **fucks with** me and **gets away with it**. **Put 'em up, asshole**, 'cause I'm gonna **give ya a fat lip**. Or maybe you'd prefer **a black eye**.

Ted: **Now you're talkin'**, but I'll be the one **dishin' out black eyes**, and **real doozies**. I'm not **chicken**.

Joe: Will ya be so **cocky** when **I kick your ass**, you little **fucker**?

Cop: All right. **Break it up!** **What the hell** is going on here? What are you **hollerin'** about? This **fender-bender** is blockin' traffic and it's **rush hour**.

Ted: What **(anger!)** is wrong with you? You just drove your **old, broken-down car** into my **Mercedes Benz!**

Joe: **Don't talk like that, fellow.** This car is **worth a lot of money.**

Ted: **Stop talking such nonsense.** This **poor-quality car** is **worthless.** I hope you have got insurance, because I'm going to **sue you for all your money.**

Joe: **You shouldn't be too hopeful.** Your car **collided with** mine. You **drove through a red light.** You came into the intersection **very quickly.**

Ted: **You are mistaken,** you **idiot.** It was yellow. What do you want me to do? **Brake suddenly** in the middle of the **stupid** intersection?

Joe: Tell it to the **police.** But you'd better **be more careful about what you say.** I won't **endure abuse** from a **rude young man** like you. I could **defeat you easily in a fight.** So don't **take too many risks.**

Ted: Oh, **I'm scared, short person.**

Joe: All right, **you've said too much.** Now I'm **extremely angry.** Nobody **bothers** me and **goes without punishment. Put up your fists and fight, idiot,** because I'm going to **hit you in the mouth.** Or maybe you'd prefer a **bruised eye.**

Ted: **Now I agree with you,** but I'll be the one **giving people bruised eyes,** and **really impressive ones.** I'm not **afraid.**

Joe: Will you be so **bold and confident,** when **I give you a good beating,** you little **idiot?**

Policeman: All right. **Stop fighting!** What **(anger!)** is going on here? What are you **shouting** about? This **minor accident** is blocking traffic and **traffic is very heavy.**

1. What's missing? Was fehlt?

1. Okay, stop fighting. Break it ... !
   - **a** down
   - **b** under
   - **c** up

2. He must be crazy. He just started dishing ... his money to strangers.
   - **a** around
   - **b** into
   - **c** out

3. You won't get ... with this. I'm calling the police.
   - **a** away
   - **b** around
   - **c** out

4. You want to go swimming? Don't get your hopes ... . It's going to rain.
   - **a** under
   - **b** above
   - **c** up

5. His wife hit him and now he has a ... eye.
   - **a** brown
   - **b** blue
   - **c** black

6. I always leave work early, so I avoid the rush ... .
   - **a** time
   - **b** period
   - **c** hour

7. A small child ran onto the street, so I had to ... on the brakes.
   - **a** slam
   - **b** slap
   - **c** slip

8. You destroyed my car. I'm going to sue your ... off.
   - **a** pants
   - **b** trousers
   - **c** clothes

9. It's easy. I can do it with one hand ... my back.
   - **a** behind
   - **b** on
   - **c** in

10. Their house is very large. It must be worth ... .
    - **a** shit
    - **b** a fortune
    - **c** nothing

2. Wie könnte man auf deutsch sagen?

1. When he heard the news, he ran out of the office **like a bat out of hell**.
- **a** blitzartig
- **b** flott
- **c** ohne Mantel

2. He won't touch that snake. **He's chicken.**
- **a** Er ist ein Tiernarr.
- **b** Er hat Hunger.
- **c** Er hat Angst.

3. **Watch your mouth**, young man. Don't talk to your mother like that.
- **a** Paß auf, was du sagst.
- **b** Schau mal in den Spiegel.
- **c** Putz dir mal die Zähne.

4. You've already won enough money. Stop now. **Don't push your luck!**
- **a** Riskier nichts mehr.
- **b** Gib nicht so leicht auf.
- **c** Du hast vielleicht ein Glück.

5. When I broke the bedroom window, her father was **mad as hell.**
- **a** froh
- **b** hinterlistig
- **c** unglaublich sauer

6. This car is **a lemon**. It broke down three times yesterday.
- **a** sauer verdient
- **b** knallgelb
- **c** eine Schrottkiste

7. The **cop** gave me a ticket because I **ran a red light.**
- **a** Polizist
- **b** Schaffner
- **c** Parkwächter
- **a** hab' jemanden leicht verletzt
- **b** bin bei Rot über eine Ampel
- **c** hab' plötzlich gebremst

8. He bought a new microwave and it's **a real doozie.**
- **a** echt schrottig
- **b** echt klasse
- **c** echt beknackt

9. Stop **hollerin'**! I can hear you.
- **a** schnarchen
- **b** schreien
- **c** flüstern

üben

3. Friend or foe? Freund oder Feind?

Wenn Sie diesen Ausdruck hören, meint man's gut mit Ihnen (friend) oder gibt's Ärger (foe)?

		friend	foe
1.	You son of a bitch!	■	■
2.	You fucker!	■	■
3.	You asshole!	■	■
4.	I'm gonna kick your ass.	■	■
5.	I'm gonna give ya a fat lip.	■	■

4. Halbsätze. Welcher Nachsatz paßt?

1. He had an accident,

2. A cat ran into the street,

3. I've done it so often

4. She hit me in the mouth,

5. I'm wearing sunglasses,

6. I was going like a bat outta hell,

7. I had a fender-bender,

8. There's nothing wrong with my ears,

9. Lots of girls want to marry him,

a because I have a black eye.

b and now I have a fat lip.

c so I slammed on the brakes.

d because he ran a red light.

e so you don't have to holler.

f so a cop stopped me.

g so I'm going to a mechanic.

h because he's worth a fortune.

i I can do it with one hand behind my back.

Üben

What didja say? Common contractions used by Americans.

Hören Sie die Sätze, und benutzen Sie beim Nachsprechen die Kontraktion «didja». Zur Kontrolle hören Sie dann noch einmal den Sprecher.

Sprecher in Standard English: What **did you** say?
Jetzt Sie: What **didja** say?

1. Why did you call the cops?
2. Where did you get that?
3. How did you get away with that?
4. Who did you get that fat lip from?
5. Why did you holler at me?
6. Did you kick his ass?
7. How much did you pay for this lemon?
8. Did you run a red light?
9. Why did you slam on the brakes?
10. Who did you sue?
11. Did you know this car is worth a fortune?
12. Where did you buy this wreck?

Tollways: Maut in Amerika

Straßenbenutzungsgebühren werden auf den *tollways* erhoben. Ein Schild mit «Pay toll ahead» weist schon vorab auf fällige Gebühren hin. Rechtzeitiges Einordnen empfiehlt sich: «*Exact change*», wenn Sie's passend haben, ansonsten gibt man Ihnen auch gerne heraus: «*Change given*».

legen

The license

An Fahrpraxis mangelt es den Amerikanern meist nicht, dafür sorgen sowohl Entfernungen als auch frühe Fahrtauglichkeit. Schon in der *high school* wird *driver's education* angeboten. Kaum sind die Kids sechzehn, dürfen sie die Führerscheinprüfung ablegen. In besonders einsamen Landstrichen – vor allem wenn die Schule so weit abgelegen ist, daß sich nicht einmal der knatschgelbe Schulbus dort hintraut – dürfen auch Kinder den Führerschein machen, um einigermaßen bequem zur Schule zu kommen. Wundern Sie sich also nicht, wenn Sie in Idaho ein Dreizehnjähriger überholt.

Auch außerhalb der Schule kommt man leicht an einen Führerschein. Schritt 1: Theoretische Prüfung ablegen, wahlweise auf englisch, spanisch, deutsch oder französisch. Haben Sie bestanden, bekommen Sie eine *permit* ausgestellt, die Ihnen das Fahren gestattet, sofern Ihr Beifahrer im Besitz einer gültigen Fahrerlaubnis des entsprechenden Bundesstaates ist. Mit *permit* und Beifahrer können Sie nun nach Herzenslust üben. Sobald Ihnen der Sinn danach steht, legen Sie die praktische Prüfung ab und bekommen dann – gegen eine lächerlich niedrige Gebühr – Ihre *driver's license* ausgehändigt. So ein Ami-Führerschein ist nicht nur eine feine Sache, sondern auch eine absolute Notwendigkeit. Da es in den USA keinen Personalausweis gibt, dient der Führerschein als Identitätsnachweis, als *I.D.*, *identity card*. Und die wird reichlich oft verlangt: beim Einlösen eines Schecks, beim Whisky-Einkauf und vor allem beim Betreten einer Kneipe. Erst mit 21 erreicht man das *drinking age* und darf öffentlich bechern. Dieser Umstand erklärt denn auch, weshalb College-Studenten, die im ersten Semester gerade mal achtzehn oder neunzehn sind, immer auf der Suche nach *I.D.s* älterer Freunde sind. Auch vor gefälschten Führerscheinen *(fake I.D.s)* schreckt kaum einer zurück. Schließlich sind die meisten College-Kids zum erstenmal von zu Hause weg und möchten nun ordentlich die Sau rauslassen.

Slang für «old car», Schrottkiste:

jalopy
clunker
rattletrap
lemon
wreck

In the suburbs

This is gonna blow your mind!
Das wird dich umhauen, überraschen!

a set of wheels/wheels ein vierrädriger Untersatz, ein Auto

Let's take a spin. Laß uns mal eine Runde drehen.

How much did you shell out for this? Wieviel hast du dafür auf den Tisch gelegt?

She chipped in 500 smackers. Sie hat 500 Dollar beigesteuert.

Let's burn some rubber! Laß uns einen Kavalierstart hinlegen!

Floor it! Tritt voll aufs Gaspedal!

She never stopped bitchin'. ⟨!⟩ Sie hörte nicht auf, sich zu beschweren.

a fuzzbuster ein Radarwarngerät

dough Kohle, Geld

Chill out! Reg dich ab!

Mietwagen, rental cars

Mietwagen sind in einigen Bundesstaaten leider noch immer mit Kennzeichen ausgestattet, die signalisieren, daß es sich um einen *rental car* handelt. Skrupellose Verbrecher nutzen das aus, provozieren einen Verkehrsunfall, um Sie in der allgemeinen Aufregung locker ausrauben zu können. Deswegen: Vertrauen Sie auf Ihre Vollkaskoversicherung *(comprehensive insurance)*, steigen Sie auf keinen Fall aus. Fahren Sie statt dessen zur nächsten Polizeiwache und melden den Unfall dort. Ausländern fehlt in den Staaten oft jedes Gefühl für Gefahr. Die Amerikaner selbst warnen oft vor *bad neighborhoods*, gefährlichen Stadtvierteln, die man nach Einbruch der Dunkelheit nicht mehr befährt, geschweige denn betritt. Falls es doch mal sein muß: Türen verriegeln und zügig durchfahren.

In the suburbs

Lou answers the door of his family's home in the suburbs. His friend Sam is standing there and he's really excited about his new car.

Lou: **Hey,** Sam. **What's up?**

Sam: **This is gonna blow your mind,** I mean, **it'll blow you away.**

Lou: **Jeepers, what's got into ya?** Why are you so **stoked?**

Sam: My **folks** just bought me **a new set of wheels.**

Lou: **No shit!** When can I **have a looksie?**

Sam: Right now. **C'mon,** let's **take a spin.**

Lou: (...) Is this it?

Sam: **Uh-huh.** It's a **real beaut, like totally.**

Lou: How much did your **folks shell out** for these **wheels?**

Sam: Two **grand** and Aunt Betty **chipped in** 500 **smackers.**

Lou: It's really **mean. Not!** Twenty-five hundred for this **clunker? Boy,** they **got ripped off!** This is **a heap of junk!**

Sam: It just needs a little **elbow grease.** It'll be like new **in no time at all.** And it's got **an engine that purrs.** This **baby can do eighty in six seconds flat** and it **corners like it's on rails.**

Lou: This **clunker?** Eighty? **Like hell!**

Sam: **You'll see! Hop in** and **buckle up.**

Lou: **Roger! Put the pedal to the metal** and let's **burn some rubber. Floor it!** — WOW!

Sam: **I told you so.** This **baby** really **hauls ass.**

Lou: **No shit, Sherlock! Gimme five.** Didja take your parents for a ride?

Lou: **Hi**, Sam. **What's happening**?

Sam: **You won't believe this**, I mean, **this will really surprise you**.

Lou: **(Surprise!), what has happened to you**? Why are you so **excited**?

Sam: My **parents** have just bought me **a new car**.

Lou: **What a surprise!** When can I **look at** it?

Sam: Right now. **Come with me**. Let's **go for a drive**.

Lou: (...) Is this it?

Sam: **Yes**. It's **really beautiful, how can I say this, absolutely beautiful**.

Lou: How much did your **parents pay** for this **car**?

Sam: Two **thousand** and Aunt Betty **contributed** 500 **dollars**. What do you think?

Lou: It's really **wonderful! No, it isn't!** Twenty-five hundred for this **old, broken-down car**? **(Disbelief!), they were cheated!** This is **worthless**.

Sam: It just needs a little **hard work**. It'll be like new **very soon**. And it has **a very good engine**. This **thing** can **reach a speed of 80 in only six seconds** and it **goes around curves smoothly**.

Lou: This **old, broken-down car**? Eighty? **Impossible!**

Sam: **I can prove it! Get in** and **fasten your seat belt**.

Lou: **I hear you! Press the accelerator to the floor** and let's **leave some tire marks on the street. Press it down all the way!** — **(Pleasure!)**

Sam: **I was telling the truth before**. This **thing** really **moves quickly**.

Lou: **You aren't joking. Hit my palm with yours** (to show **mutual appreciation**). Did you take your parents for a ride?

Slang

Sam: **Yeah, pure hell**. My **mom** is a **helluva backseat driver**. Never stopped **bitchin'**. **Geez,** she was **gettin' on my nerves**. Last time she **sets foot in** my car.

Lou: Hey, what's this **do-hickey**?

Sam: That's a **fuzzbuster** my brother gave me.

Lou: How does it work?

Sam: **Hell if I know!** My brother's gonna **hook it up** for me tomorrow.

Lou: **Uh-oh!** Too late. **Take a peek** in your rearview mirror.

Sam: **Oh, shit**. The **cops**! Do ya think they saw me?
(sirens)

Lou: They saw ya, **lead foot**.

Sam: **Dammit**. I musta been **doin' 60** in a 35 zone. **Shit!** They're gonna make me pay **big time** and I **don't have a cent on me**. You got any **dough**?

Lou: **Yeah, yeah. Now chill out! Pull over**.

Sam: **Yes, it was miserable**. My **mother** is a **(anger!) passenger who always tries to tell the driver what to do**. She never stopped **complaining. (Annoyance!)**, she **was really irritating me**. That's the last time she **gets into** my car.

Lou: Sam, what's this **unfamiliar thing**?

Sam: That's a **machine to detect police radar** my brother gave me.

Lou: How does it work?

Sam: **I have no idea**. My brother's going to **connect it** for me tomorrow.

Lou: **Oh no!** Too late. **Look in** your rearview mirror.

Sam: **(Anger!)** The **police**! Do you think they saw me?
(sirens)

Lou: They saw you, **fast driver**.

Sam: **(Anger!)** I must have been **driving 60 mph** in a 35 mph zone. **(Anger!)** They're going to make me pay **a lot** and I **don't have any money**. Do you have any **money?**

Lou: **Yes, yes. Calm down! Stop the car**.

1. Welcher Slang-Ausdruck fehlt?

folks / clunker / beaut / fuzzbuster / grand / do-hickey / rubber / elbow grease

1. Your new motorcycle is terrific. It's a ... . *beaut*
2. I'm in a hurry. Let's burn some ... . *rubber*
3. My ... gave me some clothes for my birthday. My mom bought them. *folks*
4. He paid ten ... for his new motorcycle.
5. I'm not going in this ... . This car'll probably fall apart before we arrive. *clunker*
6. What is this ... ? I've never seen anything like this before.
7. This room is really dirty. It really needs a lot of ... .
8. I bought a ... but it didn't help. I got three speeding tickets last week. *fuzzbuster*

2. Ein Kreuz genügt

1. I'll drive you there. Hop ... !
    a over
    b in
    c into
2. You eat too fast. You ate that sandwich in 5 seconds ... .
    a flat
    b fast
    c time
3. Don't worry! Chill ... !
    a down
    b out
    c under
4. What a great car. It corners like it's on ... .
    a rails
    b wheels
    c streets
5. This is worthless. The person who sold it to you really ripped you ... .
    a out
    b on
    c off
6. Please buckle ... before I start the car.
    a around
    b in
    c up

7. I hate her. She'll never … foot in my house again.
    a set
    b sit
    c step

8. This must have been expensive. How much did you shell … for it?
    a down
    b out
    c on

9. Stop that! You're getting … my nerves!
    a on
    b up
    c after

---

3. Und die passende Antwort lautet …

1. Do you like my new car?
    a You'll never set foot in my car.
    b It's a beaut. Gimme five!
    c Uh-oh!

2. You were right. I should have bought the one you recommended.
    a Gimme five!
    b Uh-oh!
    c I told you so.

3. Where is he?
    a Hell if I know!
    b No shit, Sherlock!
    c Dammit!

4. When you're done, call me. Okay?
    a Roger!
    b Not!
    c Shit!

5. I think he really likes her.
    a Like hell! She's ugly!
    b Uh-huh! She's ugly!
    c You'll see! She's ugly!

② *Üben*

4. Von Deutsch zu Slang: Ordnen Sie zu.

1. Ich hab' keinen Pfennig mehr.	**a** Put the pedal to the metal!
2. Das wird dich umhauen!	**b** Stop bitchin'!
3. Gib Vollgas!	**c** Uh-huh.
4. Da mußt du dich voll reinknien.	**d** It really hauls ass.
5. Mecker nicht!	**e** It'll blow you away!
6. Bullen!	**f** It needs some elbow grease.
7. Der geht ab wie nix.	**g** That's mean.
8. Ja, klaro.	**h** Cops!
9. Echt super, saugeil.	**i** I don't have a cent on me.

Zeichensprache: Einige Gesten

Bei uns zeigt man erbost «einen Vogel», in den USA schnellt aus der geballten Faust der Mittelfinger nach oben. *To give someone the finger* oder auch *to flip someone off* sagt ohne Worte «Fuck you!» und gehört deshalb zu den Gesten, auf die der Tourist besser verzichten sollte.

Wollen Sie ausdrücken, daß jemand spinnt oder nicht mehr alle Tassen im Schrank hat, versetzen Sie Ihren Zeigefinger auf Stirnhöhe in eine kreisförmige Bewegung.

Mit dem Zeigefinger an die Stirn tippen bedeutet in der US-Gestensprache einfach nur schlau, clever, smart. Köpfchen eben.

Wenn Sie jemandem den Daumen drücken wollen, sagen Sie: «I'll keep my fingers crossed», ich halte meine Finger gekreuzt. Dabei müssen Mittel- und Zeigefinger so gekreuzt werden, daß der Mittelfinger den Zeigefinger leicht nach unten drückt. Alle anderen Finger werden nach unten abgewinkelt.

«Gimme five!», gib mir fünf. Sie strecken Ihre Hand aus, Ihr Gegenüber knallt mit allen fünf Fingern kräftig darauf. Solche Gesten sind freundschaftlich gemeint, bestärken mit Handschlag gerade Gesagtes oder Erreichtes, beispielsweise einen Treffer beim Basketball. Bei der Variante «High five!» treffen sich die Handflächen über den Köpfen.

5. Welche Sätze haben die gleiche Bedeutung?

1. He's a lead foot.   **a** He should fasten his seat belt.

2. He's a backseat driver.   **b** He's very excited.

3. He's got lotsa dough.   **c** He gave us $500.

4. He better buckle up.   **d** He paid $500 for it.

5. He's really stoked.   **e** He drives too fast.

6. He better haul ass.   **f** He complains about my driving.

7. He's got a real clunker.   **g** His car is really old.

8. He chipped in 500 smackers.   **h** He's rich.

9. He shelled out 500 smackers.   **i** He should hurry.

What didja say? Common contractions used by Americans

Hören Sie die Sätze, und lassen Sie beim Nachsprechen das Wörtchen «had» einfach weg. Zur Kontrolle hören Sie dann noch einmal den Sprecher.

Standard English: You **had better** leave immediately!
Slang: Ya **better** leave immediately!

1. You'd better holler!

2. He'd better watch his language!

3. They'd better chill out!

4. She'd better watch her mouth.

5. I'd better take a looksie.

6. She'd better not get her hopes up!

7. They'd better buckle up.

8. We'd better burn rubber.

9. I'd better put the pedal to the metal.

10. He'd better sell that clunker.

11. We'd better chip in something.

12. You'd better floor it.

Alle Wörter

On the street

ass: to kick someone's ⟨!⟩ jemanden vermöbeln

asshole, an ⟨!⟩ Arschloch

bat: like a ~ out of hell blitzartig, wie von der Tarantel gestochen

Benz, a Mercedes-Benz

black eye: to give someone a ~ jemandem ein blaues Auge verpassen

break: Give me (gimme) a ~ Jetzt mach aber mal halblang!

break: ~ it up! Schluß jetzt!

bud: Hey, ~! Alter Junge!

chicken, to be Angst haben

cocky, to be unverschämt sein

cop, a Polizist

did: That ~ it! Jetzt ist mir endgültig der Kragen geplatzt!

dish out, to verteilen

doozie, a nicht von schlechten Eltern; ein Knaller, ein Power…

dream: Are you ~ing? Du machst wohl Witze, träumst wohl?

fat lip: to give someone a ~ jemandem eine dicke Lippe verpassen

fender-bender, a Unfall mit Blechschaden

fortune: worth a ~ ein Vermögen wert

fuck: to ~ with someone ⟨!!⟩ mit jemandem sein Spielchen treiben

fuck: What the ~ …?! ⟨!!⟩ Was zum Teufel …?!

fucker, a ⟨!!⟩ Arschloch

fuckin' ⟨!!⟩ verdammt

get: to ~ away with something ungestraft davonkommen

get: to ~ one's hopes up sich (falsche) Hoffnungen machen

gimme (= give me): ~ a break! Jetzt mach aber mal halblang!

goosebumps, to have Gänsehaut kriegen

hand: with one ~ behind my back etwas mit links erledigen

hell: What the ~ … ⟨!⟩ Was zum Teufel …!

holler, to rumschreien

kick: to ~ someone's ass ⟨!⟩ jemanden vermöbeln

lemon, a Schrottkiste

mad as hell ⟨!⟩ stinksauer

punk, a Rotzlöffel

push one's luck, to sein Schicksal herausfordern; den Bogen überspannen

put: ~'em up! Schlag schon zurück; Fäuste hoch, jetzt wird gekämpft

run: to ~ a red light bei Rot über die Ampel

run: to ~ into a car zusammenstoßen

rush hour, the Berufsverkehr

shit: not worth ~ ⟨!⟩ keinen Pfifferling wert sein

shit: to not take ~ from someone ⟨!⟩ sich nicht von jemandem anmachen/beleidigen lassen; sich nichts gefallen lassen

shortie, a Zwerg, Kleinwüchsiger

slam: to ~ on the brakes auf die Bremsen latschen

son of a bitch, a ⟨!!⟩ Arsch, Hundesohn

sue: to ~ someone's pants off jemanden bis auf den letzten Heller verklagen

take: to ~ someone jemanden fertigmachen, verprügeln

talk: Now you're ~in'! So klingt das schon viel besser!

watch: to ~ your language paß auf, was du sagst

watch: to ~ your mouth paß auf, was du sagst

wreck, a Wrack, Schrottkiste

In the suburbs

baby, a Kiste, Ding, Maschine

backseat driver, a alles besser wissender Beifahrer

beaut, a Schönheit

bitch, to ⟨!⟩ rummäkeln

blow: to ~ one's mind einen umhauen, Wahnsinn

blow: to ~ someone away haut einen um, reißt einen mit

Boy! Junge, Junge!

buckle up, to sich anschnallen

burn rubber, to Kavalierstart hinlegen

C'mon! Auf geht's, mach doch!

cent: to not have a ~ on me keinen Pfennig in der Tasche haben

chill out, to sich abregen, beruhigen

chip in, to Geld dazulegen, beisteuern

clunker, a Schrottkiste

corner: to ~ like it's on rails geht in die Kurve, als würde er auf Schienen rollen

dammit! ⟨!⟩ verflucht

do eighty, to achtzig Meilen in der Stunde laufen

do-hickey, a Dingsbums, Dingens

dough, some Geld

elbow grease, some Fleiß, Anstrengung

flat: in six seconds ~ in lockeren sechs Sekunden

floor it, to Vollgas geben, Pedal durchtreten

folks, the Eltern

fuzzbuster, a Radardetektor

Geez! Mensch, Mann-o-Mann

get on one's nerves, to auf die Nerven fallen

get ripped off, to ausgenommen werden

Gimme five! Begleitspruch bei Handschlag unter Freunden

grand, a 1000 Dollar

haul ass, to ⟨!⟩ abdüsen wie nix

have a looksie, to sich etwas anschauen

have: to not ~ a cent on me keinen Pfennig in der Tasche haben

heap of junk, a ein Haufen Schrott

Hell if I know! ⟨!⟩ weiß der Teufel wie

helluva... ⟨!⟩ ein Mords...

Hey! Hallo!

hook something up, to anschließen, installieren

hop in, to einsteigen

Jeepers! hey-hey-hey, was ist denn los

junk, some Schrott

lead foot, a Bleifuß

like wie, äh, mir fehlen die Worte, irgendwie

Like hell! ⟨!⟩ Nie im Leben, das glaubst du ja selbst nicht

mean cool, geil

Mom Mutti

No shit! ⟨!⟩ Das gibt's doch nicht!

No shit, Sherlock! ⟨!⟩ Das gibt's doch nicht!

Not! Ätsch, ganz das Gegenteil! (Das zuvor Gesagte wird verneint. Populär seit «Wayne's World».)

pull over, to fahr mal ran

pure hell ⟨!⟩ die reine Qual

purr: an engine that ~s ein Motor, der wie 'ne Katze schnurrt

put: to ~ the pedal to the metal Gaspedal durchtreten

real echt

Roger! Alles klaro!

rubber: to burn ~ Kavalierstart hinlegen

see: You'll ~! Du wirst schon sehen!

set foot in ..., to ... betreten

set of wheels, a vierrädriger Untersatz

shell out, to Geld ausspukken

Shit! ⟨!⟩ Scheiße

smackers, some Dollars, Kröten, Mäuse

stoked aufgeregt

take a peek, to mal gucken, ansehen

take a spin, to eine Runde drehen

time: big ~ einen Haufen, ganze Menge

time: in no ~ at all im Nu, ruck-zuck

told: I ~ you so! ich habe dir's doch gleich gesagt

totally absolut, total

Uh-oh! O nein!

Uh-huh! Ja!

What's got into you? Was ist denn in dich gefahren?

What's up? Was gibt's (Neues)?

wheels, some fahrbarer Untersatz

Wow! Mensch! Toll!

Yeah! Ja, klaro!

Plates, Nummernschilder

Ob aus Eitelkeit *(vanity)*, Geltungsbedürfnis oder hemmungslos ausgelebtem Individualismus – mit dem Familiennamen geschmückte Nummernschilder finden sich überall auf Amerikas Straßen. Wehmütig erinnert sich der TV-Serienfan an die «Ewing»-Nummernschilder der Ölbarone aus Texas. Inzwischen werden die rund dreißig Dollar für die Einrichtung eines persönlichen Nummernschildes *(personalized license plate)* für ausgetüftelte Sprachspielereien ausgegeben. «2FAST4U» klingt wie «too fast for you» und könnte den Hintermann durchaus erheitern. Oder wie wär's mit «PAID4»? *Paid for*, abbezahlt! Bei langen Überlandfahrten hält oftmals nur die Suche nach skurrilen Texten auf Nummernschildern den Fahrer bei Laune. Schön sind auch die *bumper stickers*, die Stoßstangen-Aufkleber. Paul Harvey, erzkonservativer US-Radiokommentator, dessen tägliche Radionachrichtensendung landesweit zu hören ist, zitiert genußreich die abgefahrensten Exemplare.

In Kanada spricht man übrigens nicht von *vanity plates*, sondern von *environmental plates*, denn die Registrierungsgebühren gehen in einen Umweltfonds, der ironischerweise all die Schäden ausbügeln soll, die das Automobil anrichtet.

1. Was paßt, a, b oder c?

1. I'm gonna buy a new ... of wheels.
    a set   **b** pair   **c** case

2. Put the pedal to the ... !
    a floor   **b** rubber   **c** metal

3. How much did you ... out for this lemon?
    a give   **b** shell   **c** throw

4. Let's go! Burn ... !
    a road   **b** rubber   **c** metal

5. This car is worthless. It's a real ... .
    a beaut   **b** baby   **c** clunker

6. Stop complaining! You're such a backseat ... .
    a rider   **b** driver   **c** asshole

7. There are lots of cars on the road during rush ... .
    a hour   **b** time   **c** period

8. C'mon, let's ... a spin!
    a go   **b** have   **c** take

2. Haben Sie aufgepaßt?

1. Nur wenige US-Autos haben einen «stick shift», das heißt
    a Servolenkung.
    b Schaltknüppel.
    c Gürtelreifen.

2. Ein «redneck» ist
    a ein Soldat der U.S. Army.
    b ein Säufer.
    c ein Prolo, der was gegen Schwarze und Ausländer hat.

3. Bei roter Ampel darf man in den USA
    a in allen Staaten rechts abbiegen.
    b oft rechts abbiegen.
    c nie abbiegen.

4. «Beemer» ist der Slang-Ausdruck für
    a einen Fan von «Star Trek», Raumschiff Enterprise.
    b einen BMW.
    c ein Transportverfahren, das mit Molekülseparation arbeitet.

3. Rätsel

1. Vorn der Sitzkomfort eines Personenwagens, hinten Ladefläche *pick up*
2. Testgerät der Polizei, um Alkoholsünder zu überführen
3. Morgendliche Radiosendung für Pendler *breakfast radio*
4. Jemand, der die Party ohne *drink* durchstehen muß, um dann die ganze volltrunkene Bande nach Hause zu kutschieren
5. Quasi der Personalausweis der Amerikaner *drivers license*

4. Wie sagen Sie's im American Slang? Ordnen Sie zu.

1. Das ist keinen Pfifferling wert!
2. Jetzt mach aber mal halblang!
3. Paß auf, was du sagst.
4. Das haut dich um!
5. Beruhige dich!
6. Weiß der Teufel wie!
7. Ich hab's dir doch gleich gesagt!
8. Was gibt's Neues?
9. Mensch! Toll!

a Hell if I know!
b I told you so!
c This isn't worth shit!
d Gimme a break!
e Wow!
f Watch your mouth!
g Chill out!
h What's up?
i This is gonna blow you away!

5. Welcher Satz ist richtig?

1. **a** That's a nice car. It's a pile of junk.
   b That's a nice car. It's a beaut.
2. **a** He's such a lead foot. He always drives too fast.
   b He's such a lead foot. He always drives too slowly.
3. **a** It costs three grand. Three thousand dollars is a lot of money.
   b It costs three grand. Three hundred dollars is a lot of money.
4. **a** I hit him in the mouth and now he has a black eye.
   b I hit him in the mouth and now he has a fat lip.
5. **a** He didn't stop. He ran a red light.
   b He didn't stop. He slammed on the brakes.

Liebe und Sex
Making Love

Von der Liebe zum Auto zur Liebe im Auto ist, zumindest in den USA, kein weiter Weg. Kaum haben die Kids mit sechzehn ihren Führerschein, wird das Fahren zur Nebensache. Nun geht's ans *parking*, denn nur wer parkt, kann ungestört an den *private parts* des/der anderen fummeln. *Making out in Lovers' Lane* heißt Schmusen im Auto, an einem abgelegenen Weg, gut zu erreichen, aber dennoch auf elternfreiem Territorium. Aber bloß nicht mit einem *hickey* (Knutschfleck) nach Hause kommen!

Dating ist eine Wissenschaft für sich. Entscheidend ist die Kenntnis einiger Konventionen und Fachbegriffe: Trotz *feminism* und *women's lib* bezahlt meist der Herr, es sei denn, man hat vorab *going Dutch* verabredet, dann zahlt jeder seine eigene Zeche. Ein *blind date* ist eine Verabredung mit einem beziehungsweise einer Unbekannten. Beim *double date* gehen zwei Möchtegernpärchen gemeinsam aus. Kalkül der Aktion: Zu viert gibt's weniger Peinlichkeiten, und außerdem ist die Auswahl größer als beim klassischen Rendezvous zu zweit.

Heiratsbräuche hat es reichlich, dafür sorgt schon der multikulturelle Hintergrund der Amerikaner. Jeder hat seinen *background*, seinen ethnischen Hintergrund, sein *heritage*, sein kulturelles Erbe. Wenn Ihnen ein Amerikaner sagt, «I'm Irish», dann heißt das nicht unbedingt, daß er selbst aus Irland eingewandert ist, sondern daß seine Vorfahren Iren waren und er, wie sein Urgroßvater, noch O'Neill heißt. Beim Heiraten freilich besinnt man sich dann gern wieder des Erbes und belebt den einen oder anderen Brauch aus der alten Heimat.

Trotz aller kulturellen Vielfalt haben sich dennoch einige typisch amerikanische Heiratsbräuche durchgesetzt. Der Vater der Braut übernimmt noch immer, zumindest in der klassischen Variante, die Hochzeitskosten. Der Hollywood-Klassiker «Father of the Bride» von 1950 mit Spencer Tracy und Elizabeth Taylor ist im großen und ganzen heute noch aktuell. Nach der Trauung fliegt mit schöner Regelmäßigkeit das Strumpfband *(garter)* der Braut, zuvor vom Bräutigam mit den Zähnen (!) entfernt, in die Runde der lauernden *singles*: Der Herr, der es fängt, darf sich freuen, denn er wird als nächster in den Hafen der Ehe einlaufen. Die Damen müssen sich um das Blumensträußchen der Braut bemühen, das *bouquet*, um ähnlich gute Heiratschancen zu haben.

Bis es zur Hochzeit kommt, müssen die *singles* erst einmal jemanden anmachen *(to hit on someone)*. Die *singles bars* bieten sich hier an, werden aber von vielen, der «Fleischbeschau» wegen, verächtlich als *meatmarket* abqualifiziert.

Indecent exposure heißt «unsittliche Entblößung». Wer sich, wie zu Hause auch, am Badestrand ohne Blickschutz umziehen möchte, erregt im prüden Amerika die Gemüter. Keusch ziehen sich die Amis in Kabinen oder hinter Lagen von Handtüchern zurück und um. Auch ein öffentliches Sonnenbad oben ohne, *topless sunbathing*, sollten Frauen in den USA lieber bleiben lassen.

Magazine wie *Playboy* oder *Hustler* sind zwar frei zugänglich, werden aber im Regal weit nach hinten verbannt. Über dem Regal fehlt niemals das Schild «No loitering»: Hängt hier nicht rum und schmökert vor allem nicht in den *dirty magazines*.

Die *toll free numbers* (gebührenfreie Telefonnummern) beginnen stets mit 1-800. Für die 1-900-Nummern hingegen muß man solvent sein: Darunter sind professionelle Telefonsexfirmen zu erreichen. Abgerechnet wird über die Telefongesellschaft, den Kunden kostet der Spaß mindestens *a dollar a minute*. Doch auch andere Dienstleistungsbetriebe operieren mit den *900 numbers*. So gibt es beispielsweise Horoskope über Telefon, hundertprozentig seriöse Anlagetips (ha!) und Wahrsagerdienste.

Dangerous English

«Ich hätte gern drei Kugeln Erdbeereis»: Wer hier «Bällchen» mit «balls» übersetzt, weckt falsche Assoziationen. Deshalb nicht *balls*, sondern *scoops* verlangen: «I'll have three scoops.»

The «Grammar» of Slang

Rednecks sprechen oft nicht nur Slang, sondern auch *substandard English*. Ein beliebter grammatischer Fehler ist der Verzicht auf «those». So wird aus «Look at *those* idiots», Schau dir diese Idioten an, ein «Look at *them* idiots.»

lernen ③

In the bedroom

a prick ⟨!!⟩ Penis

She gives head. ⟨!!⟩ Sie bläst ihm einen.

Wouldntcha know it. Wer hätte das gedacht.

a bozo Depp, Witzfigur

You're a good lay. ⟨!!⟩ Du bist gut im Bett.

a quickie eine schnelle Nummer

I'm outta here. Ich verdrücke mich, bin schon weg

horny ⟨!!⟩ geil

I don't give a shit. ⟨!⟩ Das interessiert mich nicht die Bohne.

Holy shit! ⟨!⟩ Mensch, unglaublich!

Private parts, Geschlechtsteile

männlich: cock ⟨!!⟩, dick ⟨!!⟩, dong ⟨!!⟩, dork ⟨!!⟩, meat ⟨!!⟩, pecker ⟨!!⟩, peter, prick ⟨!!⟩, rod ⟨!!⟩, thing, tool ⟨!!⟩, schlong ⟨!!⟩, wiener ⟨!!⟩, willy

weiblich: beaver ⟨!!⟩, bush ⟨!!⟩, crotch, cunt ⟨!!⟩, pussy ⟨!!⟩, snatch ⟨!!⟩, thing, twat ⟨!!⟩

Gesäß oder Arsch?

ass ⟨!⟩, backside, behind, bottom, butt, can, duff, fanny, heinie, rear, rear-end, rump, tush

Derbheiten

prick ⟨!!⟩	Schwanz
cunt ⟨!!⟩	Möse
to have a hard-on ⟨!!⟩	einen Harten haben
balls ⟨!!⟩	Hoden
to have blue balls	«blaue Eier haben», lange keinen Sex gehabt haben

Masturbieren

Mann: to touch oneself, to play with oneself, to jerk off, to jack off, to whack off, to beat off, to slap the sausage

Frau: to touch oneself, to play with oneself

Liebe und Sex **41**

In the bedroom

Amy and Ron met in a bar. Now they are lying in Amy's bed. They've just had sex.

Amy: **Wow**, that was **wild**. You're really a **stud**. I'm glad I invited you in for a **nightcap**.

Ron: **Sure**, so am I.

Amy: I've never met a guy with such a big **prick** before.

Ron: **Yeah**, well, you can really **give head**. **Hey**, where's my jacket? I need **a smoke**. Ah, here it is. **Gotta light?**

Amy: **No goin'. You have some nerve**. You aren't gonna pollute my bedroom with that **shit**.

Ron: What?

Amy: Cigarette smoke **reeks**. Nobody smokes in my apartment.

Ron: So sorry. **Don't bite my head off**. **Let's kiss and make up**.

Amy: **Wouldntcha know it**. For once I decide to **walk on the wild side** and the **bozo** is a filthy smoker.

Ron: **Jesus**, another fanatic. **All right already, give it a rest**. If I can't smoke here, I'll just **head** home ...

Amy: You can't **take off**. We just **made love**.

Ron: **Yeah**, and **you're a damn good lay**. **Thanks a million** for the **quickie**, **babe**. **I'm outta here**.

Amy: **Get back here**. You can't just lee'me here.

Ron: Oh, yes I can. Just watch me.

Amy: Men! You treat us like **whores**. When you've had your fun, you **dump** us and say we're **sluts** ...

Ron: **Hold on** a minute, **bimbo**. You're the **horny bitch** that **hit on me** ...

Amy: That's a **flat-out lie**. You're the one who **made the first move**. And **listen up, mister**, nobody calls me a **bitch**! **Get the fuck outta here!**

Ron: **Fine with me**. **Jesus**, what a **basket case**.

Amy: Oh, **fuck you!** I **don't give a shit** what you think, you **animal**. I said **get outta here** and I meant it.

Ron: I'm goin' but I can't find my shoes. Where are my shoes?

Amy: **Get out of here this instant** or I'll ...
(sound of breaking glass)

Ron: **Holy shit!** Women! They're all **loony**.

Amy: **(Pleasure!)**, that was **fantastic**. You're really a **virile man**. I'm glad I invited you in for **a drink before going to bed**.

Ron: **Certainly**, so am I.

Amy: I've never met a guy with such a big **penis** before.

Ron: **Yes**, well, you **perform oral sex well**. **I've got a question!** Where's my jacket? I need a **cigarette**. Ah, here it is. **Have you got a match/lighter?**

Amy: **That's impossible. You are very bold.** You aren't going to pollute my bedroom with that **rubbish**.

Ron: What?

Amy: Cigarette smoke **smells terrible**. Nobody smokes in my apartment.

Ron: So sorry. Don't **shout at me**. Let's **be friends again**.

Amy: **I should have known better**. For once I decide to **have an adventure** and the **idiot** is a filthy smoker.

Ron: **(Annoyance!)**, another fanatic. **Okay, stop talking about it**. If I can't smoke here, I'll just **go** home ...

Amy: You can't **leave**. We just **had sex**.

Ron: **Yes**, and **sex with you is very satisfying. Thank you very much** for the **quick sexual encounter, dear. I'm leaving**.

Amy: **Come back here**. You can't just leave me here.

Ron: Oh, yes I can. Just watch me.

Amy: Men! You treat us like **prostitutes**. When you've had your fun, you **get rid of** us and say we're **women with loose morals** ...

Ron: **Wait** a minute, **dumb woman**. You're the **sexually-excited, horrible woman** that **made sexual advances towards me** ...

Amy: That´s **nothing but a lie**. You're the one who **initiated contact**. And **listen carefully, sir**, nobody calls me a **horrible woman! Leave (anger!) now!**

Ron: **I'm willing. (Annoyance!)**, what a **crazy person**.

Amy: Oh, **(anger!)** I don't **care at all** what you think, you **cruel person**. I said **leave** and I meant it.

Ron: I'm going but I can't find my shoes. Where are my shoes?

Amy: **Leave right now** or I'll ... (sound of breaking glass)

Ron: **(Surprise!)** Women! They're all **crazy**.

1. Im Dialog fehlt ein Dutzend Slang-Ausdrücke.

a Fine **b** hits **c** smoke **d** Holy **e** slut **f** wacko
g outta **h** reek **i** instant **j** horny **k** lay **l** take

Two men, Fred and Bill, are talking in a bar. Fred is waiting for his date Mary to arrive.

Fred: I'm really nervous. I need a **(1)** … . Gotta light?

Bill: Are you **(2)** … ? I wouldn't smoke before you meet Mary. Your clothes will **(3)** … of cigarette smoke and she's one of those non-smoking fanatics.

Fred: Really? Thanks for the advice. Do you know Mary well?

Bill: Everybody knows Mary well. She **(4)** … on every-thing with two legs. She's a really good **(5)** … .

Fred: **(6)** … shit! It sounds like she's a real **(7)** … . I'm going home. I don't want to go out with that kind of woman. I'm **(8)** … here.

Bill: You can't just **(9)** … off. She's very nice, just a little too **(10)** … .

Fred: No, I'm leaving this **(11)** … , before she arrives. Tell her I had a headache.

Bill: **(12)** … with me! Bye! – Boy, that was easy. He believed every-thing. Now I can spend the evening with Mary.

2. Friend or foe? Freund oder Feind? Wenn Sie diesen Ausdruck hören, meint man's gut mit Ihnen (friend) oder gibt's Ärger (foe)?

	friend	foe
1. (To men only) You're really a stud!	▦	▦
2. (To women only) You're a bitch!	▦	▦
3. (To men only) You animal!	▦	▦
4. Let's make love.	▦	▦
5. Get the fuck outta here!	▦	▦
6. (To women only) You're a bimbo!	▦	▦
7. Let's kiss and make up!	▦	▦
8. Fuck you!	▦	▦
9. I don't give a shit about you.	▦	▦
10. You give really good head.	▦	▦

Üben

(3)

3. Was fehlt denn hier?

1. Don't ... my head off! You don't have to shout!
    a eat   **b** chew   **c** bite

2. Hold ... a minute. Don't do anything until I've explained it to you.
    a out   **b** over   **c** on

3. Oh, just give it a ... . I'm sorry I started talking about it.
    a ride   **b** rest   **c** sleep

4. That isn't true! It's a flat-... lie.
    a in   **b** out   **c** around

5. Let's have a nightcap before you leave. How about a ... ?
    a glass of whiskey   **b** cigarette   **c** piece of cake

6. He's very proud of his ... . It's extremely long.
    a prick   **b** pack   **c** poke

What didja say? Common contractions used by Americans

Hören Sie die Sätze, und benutzen Sie beim Nachsprechen die passenden Kontraktionen. Zur Kontrolle hören Sie dann noch einmal den Sprecher.

Standard English: I **should have** called you earlier.
Slang: I **shoulda** called you earlier.

Note: Ähnliche Kontraktionen finden Sie bei **could**, **would** und **must**: **coulda, woulda, musta.**

1. She should have dumped that bozo.

2. We should have invited them.

3. They could have kissed and made up.

4. I would have made the first move.

5. He must have been wacko.

Proms and dates

Die *high school* endet nach dem zwölften Schuljahr mit einem grandiosen Abschlußball, dem *senior prom*. Wer mit wem zum *prom* geht, steht auf der Klatsch- und Tratschliste der *seniors* (Schüler der Abschlußklasse) ganz oben. Manche Schulen haben statt des *senior prom* ein Jahr früher den *junior prom*. *Juniors* sind die Schüler im elften und damit vorletzten Schuljahr. Damit die Kids auf keine dummen Gedanken kommen, müssen abkommandierte Lehrer und Elternteile als *chaperones*, Anstandswauwaus, auf die stets gefährdete Moral achten. Trotzdem prägt sich der *junior prom* bei vielen als der Abend des ersten «richtigen» Dates ein. Die ersten *French kisses* (Zungenküsse) und ausgiebiges *slow dancing* (Tanzen in enger Umklammerung) dürften den Erinnerungswert des *junior prom* beachtlich erhöhen.

Wenig Freude am *prom* haben die Außenseiter, die *social rejects*. Wer nicht *popular* ist und nicht gerne mit Leuten etwas unternimmt (*to socialize:* mit anderen was machen), führt ein trauriges Leben und steht beim Ball gar ohne *date* da – eine soziale Katastrophe. Vor allem die *nerds*, die Streber, haben nichts zu lachen. Ein *nerd* trägt mindestens fünf Vierfarbkulis und zwei wissenschaftliche Taschenrechner in seiner Brusttasche, umwickelt seine Brille mit reichlich Klebeband wegen Druck- und Bruchstellen und ist unglaublich clever, ein *whizz kid* eben. Zu Hause hat ein *nerd* mindestens zwei selbstgebastelte Computer und haufenweise Experimentierkästen. Der Erzfeind des *nerd* ist der *jock*, der gutaussehende, athletisch gebaute Sportlertyp, meist Footballer, der zwar nix im Hirn hat, dem aber die doofen Blondinen *(dizzy blondes)* gleich scharenweise nachstellen.

Teenage pregnancy (Teenager-Schwangerschaft) ist ein ernstes Problem. Einfache Lösungen gibt es da nicht, eine mögliche ist Abtreibung *(abortion)*. Seit Jahren liefern sich die Vertreter von *pro choice* (Befürworter der Abtreibung) und *pro life* (Abtreibungsgegner) ebenso erbitterte wie fruchtlose Grabenkämpfe. Aufklärung in den Schulen über Sex und Aids tut not, auch wenn *sex education* (Sexualkunde) in nahezu allen Schulen auf dem Lehrplan steht. Im *Bible belt*, dem ultrakonservativen Bibelgürtel der religiösen Midwest- und Südstaaten, würden einige am liebsten *sex education* wieder abschaffen und durch ein *school prayer* (Schulgebet) ersetzen.

lernen

After school

We're double dating. Wir gehen zu viert aus.

She owes you one. Du hast noch was gut bei ihr, sie schuldet dir noch einen Gefallen.

a rubber ⟨!⟩ Kondom

That's the pits! Was ein Jammer!

He has a crush on her. Er ist in sie verknallt.

They're going steady. Sie gehen miteinander.

He picks his nose. Er popelt.

I almost barfed. Ich habe fast gekotzt.

He's a hunk. Er ist ein echt toller Typ.

You're up shitcreek ⟨!⟩ Du steckst ganz schön in der Scheiße.

Indirekte Rede

Alles, was Sie je über die indirekte Rede gehört haben, dürfen Sie nun getrost wieder vergessen.

Grundregel 1: Immer nur direkte Rede verwenden.

Grundregel 2: Als Einleitung **to be like** und **go** verwenden. Nehmen wir an, Pam berichtet, was irgendein Typ zu ihr gesagt hat.

Pam: **He's like «What do you want?»**, and I kinda look at him. And then **he goes: «That's my car, so get the heck outta here.»**

«To be like/go» werden also in der Gegenwartsform verwendet. Vor einer direkten Rede bedeuten beide Wörter soviel wie **«sagen»**.

Kosenamen

babe, baby, cutie, darling, honey, sugar, sweet thing, sweetheart, sweetie, sweetie pie

After school
It's Friday afternoon and there won't be any more classes until Monday. Two high school students, Pam and Eve, are discussing their plans for the evening.

Pam: **Whew! Thank God it's Friday!** As soon as I get home, I'm goin' to bed.

Eve: **Oh no, you don't.** You can't **let me down.** Bill 'n I are **counting on** you to **double date with us.** His cousin Jack needs **a date** for the game and the dance.

Pam: **No way!** I'm **wiped.** What about Linda? She **owes you one.**

Eve: I already asked her. **She's grounded.** Her **mom**'s such a **tight ass.** Last weekend she found a **rubber** in the back pocket of Linda's LEVI'S and **freaked out.** Linda **goes:** «Well, the school nurse gave it to me.» But her **mom**'s **a real religious nut** and she's like, «Sure, right. You're **grounded.**» She wants Linda to be a **goody-goody. You know,** no **screwing around** before you **get hitched.**

Pam: **That's really the pits.** Her parents are such **geeks. Hey,** what about Tracy? Didn't she **break up** with that **scuz bucket** she was **seein'**? He was **a real loser.**

Eve: **Yeah,** but after she **called it quits,** she went to a big **bash** with some **guy** who **had a crush on** her. Now **they're going steady. C'mon.** It'll be fun.

Pam: This **guy** must be **a real nerd** or he'd already have a **girl.**

Eve: Oh, Jack's **a real hunk. Cross my heart.** He's the big **jock** at his school, but all the women over there are **butt ugly.**

Pam: Okay, okay, I'll do it. But if he's a **creep, you're up shitcreek.**

Eve: Great! **Thanks a bunch.** Bill's got the keys to his Dad's **Vette** tonight, so we'll **pick ya up at 7 sharp,** okay?

Pam: **Yeah, I can't wait.**

Eve: **C'mon, cheer up.** You're gonna **have a good time.** This **guy**'s a **fox.**

Pam: **I dunno.** Last month you **set me up with** that **four-eyes.** He kept **pickin' his nose** 'n playin' with the **boogers. God,** I almost **barfed** when he **came on to me.**

Eve: **Same here.** It was my **dad's** idea. His **old man** is my **dad's** boss.

Pam: **What a relief! I'm really happy it's finally Friday!** As soon as I get home, I'm going to bed.

Eve: **That's impossible.** You can't **disappoint me.** Bill and I are **depending on** you to **be one of four (two men, two women) who go together on a date.** His cousin Jack needs **a companion** for the game and the dance.

Pam: **Absolutely not!** I'm **very tired.** What about Linda? She **owes you a favor.**

Eve: I already asked her. **Her parents won't allow her to leave the house.** Her **mother's** such a **strict person.** Last weekend she found a **condom** in the back pocket of Linda's LEVI'S and **became very upset.** Linda **said:** «Well, the school nurse gave it to me.» But her **mother's very religious** and **she said,** «**You're lying. You can't leave the house.**» She wants Linda to be a **well-behaved and moral person.** (Filler), no **secret sexual encounters** before you **get married.**

Pam: **That's really terrible.** Her parents are such **idiots. I have an idea!** What about Tracy? Didn't she **end her relationship** with that **horrible person** she was **dating?** He was **a worthless idiot.**

Eve: **Yes,** but after she **put an end to it,** she went to a big **party** with some **man** who **was infatuated with** her. Now **they are dating only each other. Please.** It'll be fun.

Pam: This **man** must be a **social outcast** or he'd already have a **girlfriend.**

Eve: Oh, Jack's **really handsome. I promise.** He's **a successful athlete** at his school, but all the women over there are **very ugly.**

Pam: Okay, okay, I'll do it. But if he's a **horrible person, you'll be in a lot of trouble.**

Eve: Great! **Thank you very much.** Bill's got the keys to his Dad's **Corvette** tonight, so we'll **fetch you at exactly 7 o'clock,** okay?

Pam: Yes, **I'm looking forward to it.**

Eve: **Be optimistic, be happy.** You're going to **enjoy yourself.** This **man's a good-looking person.**

Pam: **I don't know.** Last month you **arranged a date for me with** that **person who wears glasses.** He kept **putting his finger in his nose** and playing with the **dirt in it. (Disgust!),** I almost **vomited** when he **made sexual advances.**

Eve: **So did I.** It was my **father's** idea. His **father** is my **father's** boss.

Pam: Your **dad** is **sucking up to** that **guy**. It's **sick**. **Hey**, I hope **we aren't goin' Dutch**. I'm **flat-broke**.

Pam: **A.O.K.** I gotta go. **Take it easy!**

Eve: **Naaw**, Bill's been workin' part-time. **His treat**.

Which year are you?

An der High-School und im College wird mit «Which year are you?» nach dem Jahrgang gefragt. Hier die möglichen Antworten:

I'm a ...	College	High-School	
freshman	1. Studienjahr	9. Klasse	
sophomore	2. Studienjahr	10. Klasse	
junior	3. Studienjahr	11. Klasse	
senior	4. Studienjahr	12. Klasse	

Die Brüste

boobies, boobs, jugs ⟨!!⟩, knockers ⟨!⟩,
melons ⟨!⟩, tits ⟨!!⟩, titties ⟨!⟩

Pam: Your **father** is always trying to **make** that **man like him.** It's **sad. Well**, I hope **the girls don't have to pay for themselves. I have no money**.

Eve: **No**, Bill's been working part-time. **He'll pay**.

Pam: **Okay**. I have to go. **Good-bye**!

Homecoming

Einmal im Jahr ist *homecoming*. Immer im Herbst, kurz nach Beginn der Schuljahres, kehren die Ehemaligen an ihre frühere *high school* zurück und besuchen das *homecoming game* (football natürlich). Bis zum Abend sind die *alumni* (Ehemaligen) wieder verschwunden, und die *high school kids* feiern den *homecoming dance,* den ersten großen Ball der Saison. Star des Abends ist die *homecoming queen,* die Königin des Ganzen, von der es mit Fug und Recht heißen darf: «She's very popular.»

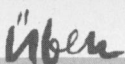

1. Friend or foe? Freund oder Feind? Wenn Sie diesen Ausdruck hören, meint man's gut mit Ihnen (friend) oder gibt's Ärger (foe)?

	friend	foe
1. You're butt ugly.	▦	▦
2. You're a creep.	▦	▦
3. Let's go steady.	▦	▦
4. I have a crush on you.	▦	▦
5. (to men only) You're a hunk.	▦	▦
6. You're a nerd.	▦	▦
7. You lost my keys! You're up shitcreek.	▦	▦
8. You're a fox.	▦	▦
9. Let's have a drink. My treat!	▦	▦

2. What's the slang expression? Match the columns.

1. I have no money.	**a** My treat!
2. I also feel that way.	**b** Take it easy!
3. I promise.	**c** A.O.K.
4. The weekend has begun!	**d** Cheer up!
5. Okay.	**e** Cross my heart!
6. I'll pay.	**f** I'm flat-broke!
7. Good-bye.	**g** Naaw.
8. Be happy.	**h** That's the pits!
9. No.	**i** Same here!
10. That's terrible.	**j** Thank God, it's Friday!

Uhrzeiten

When should I pick you up?

At 7 sharp.	Punkt sieben.
Sevenish.	So gegen sieben.
Around seven.	So gegen sieben.

3. Finden Sie die beste Definition für den fettgedruckten Ausdruck.

1. What a long day! **I'm wiped.**
     a It's time to eat.
     b It's time to get up.
     c It's time to go to bed.

2. You will clean the bathroom?!? **Sure, right.** You hate cleaning.
     a You are telling a lie.
     b Thank you very much.
     c I'll help you.

3. He gave you flowers again?!? **He's just trying to suck up to you.**
     a He did it because he likes you very much.
     b He did it because he wants you to help him.
     c He did it because he wants to help you.

4. Meet me in front of your house **at 5 sharp.**
     a five minutes before five
     b at exactly five o'clock
     c five minutes after five

5. I like you, but I don't love you. I want to **break up.**
     a end our relationship
     b cry
     c fight with you

6. Let's **get hitched.**
     a get drunk
     b get married
     c go home

7. Did John invite you to the **bash?**
     a party
     b meeting
     c dinner

8. She took her mother's car without asking first. Now she **is grounded.**
     a cannot go home
     b must stay at home
     c must work in the garden

9. When I told my mother I was getting married, she **freaked out.**
     a was very happy
     b fainted
     c became very upset

4. Was fehlt?

1. I don't think men should pay for me. I always go … treat.
   - **a** German
   - **b** Scotch
   - **c** Dutch

2. Jack and Jill are always together. They are going … .
   - **a** steady
   - **b** stable
   - **c** straight

3. You have to come. We're counting … you!
   - **a** on
   - **b** with
   - **c** from

4. She plays tennis, soccer and basketball. She's a real … .
   - **a** jack
   - **b** jock
   - **c** joke

5. He … his nose and puts the boogers under the table. Disgusting!
   - **a** drills in
   - **b** picks
   - **c** scratches in

6. My girlfriend has a sister. Do you want to … date with us?
   - **a** single
   - **b** double
   - **c** triple

7. You wear glasses?!? You …-eyes!
   - **a** double
   - **b** two
   - **c** four

8. My father loves sports. He's a real sports … .
   - **a** nut
   - **b** fan
   - **c** jerk

9. Safe sex is best. Always use a … .
   - **a** rubber
   - **b** gum
   - **c** hose

5. Wie geht das wohl weiter? Ordnen Sie zu.

1. I'm not going with him.
2. I want to go with him.
3. I drank too much beer.
4. I spent all of my money.
5. I have a crush on her.
6. I fixed her bicycle.

a I think I'm going to barf.
b I wanna go steady with her.
c Now she owes me one.
d He's a geek.
e Now I'm flat-broke.
f He's a fox.

What didja say? Common contractions used by Americans

Hören Sie die Sätze, und benutzen Sie beim Nachsprechen die Kontraktion «gonna». Zur Kontrolle hören Sie dann noch einmal den Sprecher.

Standard English: Are you going to go to the dance?
Slang: Are ya gonna go to the dance?

1. His party is going to be a drag.
2. My mother is going to freak out.
3. My folks are going to ground me.
4. We are going to double date.
5. They are going to go Dutch.
6. Are they going to break up?
7. I think I'm going to barf.
8. You are going to have a good time.
9. I'm not going to let you down.
10. When are you going to pick me up?
11. They are going to be up shitcreek.
12. Are you going to go in your Vette?

In the bedroom

All right already. Is' ja schon gut.

animal, an Tier, Vieh

babe Biene, Puppe, Käfer

basket case, a Hirntote/r

bimbo, a dumme Trulla

bitch, a ⟨!!⟩ dummes Weib, Schnecke

bite: to ~ someone's head off jemanden kritisieren, fertigmachen

bozo, a Trottel

dump someone, to mit jemandem Schluß machen, jemanden sitzenlassen

Fine with me! Prima, bestens, in Ordnung, gern!

flat-out lie, a dreiste Lüge

Fuck you! ⟨!!⟩ Leck mich doch!

fuck: Get the ~ outta here! ⟨!!⟩ Mach die Fliege, aber flott!

Get out of here! Mach, daß du fortkommst!

get: ~ back here! Mach, daß du herkommst!

give head, to ⟨!!⟩ jemandem einen blasen

give: ~ it a rest. Komm mal von dem Thema runter.

Gotta light? Haste mal Feuer?

guy, a Typ

have nerve, to Nerven haben, Unverfrorenheit besitzen

head, to (hin)gehen

hit on someone jemanden anmachen

hold on: ~ a minute! Moment mal!

Holy shit! ⟨!⟩ Heilige Scheiße!

horny ⟨!!⟩ geil, scharf

instant: this ~ sofort

Jesus! ⟨!⟩ Herr im Himmel!

kiss and make up, to küssen und sich versöhnen, vertragen

know: Wouldn't you ~ it. Es ist nicht zu fassen!

lay, a good ⟨!!⟩ Person, die gut im Bett ist

Listen up! Jetzt hör mir mal gut zu!

loony Bekloppter, bekloppt

make love, to miteinander schlafen

make the first move, to sich ranmachen, den ersten Schritt machen

Mister (ironisch) mein Herr

nerve, some Unverfrorenheit

nightcap, a Gutenachttrunk

No going! Nie und nimmer!

out of here: I'm ~! Ich bin schon fort, ich verdrücke mich.

prick, a ⟨!!⟩ Penis, Schwanz

quickie, a schnelle Nummer im Bett

reek, to stinken

shit ⟨!⟩ Scheiße

shit: not give a ~ ⟨!⟩ interessiert nicht die Bohne

slut, a ⟨!!⟩ Schlampe, Frau mit häufig wechselnden Partnern

smoke, a was zum Rauchen

stud, a Hengst, guter Liebhaber

sure klaro

take off, to
abhauen

thanks a million
tausend Dank

**walk on the
wild side, to**
mal was riskieren; eine Affäre
haben

whore, a ⟨!!⟩
Hure

wild wild

**Wouldn't you
know it.**
Es ist nicht zu
fassen.

dunno: I ~ .
keine Ahnung

**flat-broke, to
be** völlig pleite

four-eyes, a
Brillenglotzer

fox, a gutaussehende Person

freak out, to
ausflippen,
durchdrehen

geek, a Dödel,
doofe Nuß

get hitched, to
unter die Haube
kommen

girl, a feste
Freundin

**go Dutch (treat),
to** auf getrennte Kosten ausgehen

go steady, to
miteinander
gehen

go, to hier:
sagen

God! ⟨!⟩
Mensch!

goody-goody, a
Mamas
Liebste/r,
Musterkind

**grounded, to
be** Ausgangsverbot haben

**have a crush on
someone, to** in
jemanden verknallt sein

**have a good
time, to** sich
amüsieren

hunk, a
Modellathlet

jock, a
Sportlertyp

**let someone
down, to** jemanden enttäuschen, hängen
lassen

loser, a
Versager

man: the old ~
der alte Herr,
Vater

Naaw! Nee!

nerd, a
Strebertyp

No way! Nie im
Leben, niemals!

nut, a
Beknackter

**Oh no, you
don't!** Ganz
und gar nicht!

old man, the
der alte Herr,
Vater

After school

A.O.K. eins a,
super

ass: tight ~ ⟨!⟩
Pedant

at ... sharp
Punkt ... Uhr

barf, to kotzen

bash, a Fete,
Party

be like, to hier:
sagen

booger, a Popel

**break up: to ~
with someone**
mit jemandem
Schluß machen

butt ugly häßlich wie die
Nacht

call it quits, to
zu einem Ende
kommen,
Schluß machen

cheer up, to
Kopf hoch, laß
dich nicht hängen

**come on: to ~
to someone**
jemanden anmachen

**count on
someone/something, to**
auf jemanden/
etwas zählen

creep, a
Widerling

Cross my heart!
Ehrenwort

Dad Vati

date, a Verabredung,
Rendezvous

double date, to
Verabredung zu
viert

owe someone one, to jemandem einen Gefallen schulden

pick one's nose, to in der Nase bohren

pick someone/ something up, to jemanden/ etwas abholen

pits, to be the ein Jammer, ein Elend

rubber, a ⟨!⟩ Kondom

Same here! Das gleiche für mich!

screw around, to ⟨!⟩ rumvögeln

scuz bucket, a schleimigwiderlicher Typ

see someone, to mit jemandem regelmäßig ausgehen

set someone up with someone, to zwei Leute verkuppeln

sharp: at ... ~ Punkt ... Uhr

shitcreek: to be up ~ ⟨!⟩ in der Tinte sitzen, in der Scheiße stecken

sick, to be krankhaft

suck up to someone, to: sich bei jemandem anbiedern

Sure, right! (ironisch) Aber klar doch, sicher!

Take it easy! Sieh's nicht so verbissen!

Thank God, it's Friday! Endlich Wochenende!

thanks a bunch tausend Dank

tight ass, a ⟨!⟩ Pedant

treat: His ~ ! Er spendiert, er zahlt!

Vette, a Chevrolet, Corvette

wait: I can't ~ . Ich kann's kaum erwarten.

Whew! erleichterter Seufzer

wiped erledigt, k.o.

Ja und nein: Alternativen zu *yes* und *no*

Yes

For sure.	Ganz sicher, bestimmt.
Roger!	In Ordnung!
Sure!	Klaro!
You bet your (sweet) buns.	Da kannste deinen (süßen) Hintern drauf verwetten.
You bet your (sweet) life.	Da kannste dein Leben drauf verwetten.
You bet.	Da kannste Gift drauf nehmen.
You better believe it.	Das kannste glauben.

No

Fat chance!	Keine Chance, niemals! (wörtlich: Riesenchance)
Naaw.	Nee.
No way, José.	Auf keinen Fall.
No way.	Auf keinen Fall.
Nope.	Nee.
When hell freezes over.	Wenn die Hölle zufriert. (Bedeutung: niemals)

1. Was paßt, a, b oder c?

1. I'm so … . Let's go home and make love.
    a loony   **b** butt ugly   **c** horny

2. He's really good-looking. He's a … .
    a four-eyes   **b** dork   **c** hunk

3. John and Bill want to go with us to the movies. Let's … date.
    a steady   **b** double   **c** Dutch

4. My boyfriend always pays. We never go … treat.
    a steady   **b** double   **c** Dutch

5. They've been going … for years. When are they going to get married?
    a steady   **b** double   **c** Dutch

6. When we make love, my boyfriend always wears a … .
    a rubber   **b** nightcap   **c** prick

7. Lots of men want to have sex with her. They say she's a good … .
    a lay   **b** bitch   **c** basket case

8. She would have sex with anyone. She's a real … .
    a goody-goody   **b** slut   **c** tight ass

2. Haben Sie aufgepaßt?

1. Wer «parking» geht, stellt nicht etwa ein Auto ab, sondern
    a vergnügt sich schmusenderweise mit Freund/ Freundin im Wagen.
    b besucht ein Autokino.
    c muß Parkgebühr zahlen.

2. «Pro choice» nennen sich die
    a Vertreter der Antiabtreibungsfraktion.
    b Vertreter einer Wahlkampfvereinigung.
    c Vertreter der Abtreibungsbefürworter.

3. Ein «blind date»
    a ist ein Rendezvous von zwei Paaren.
    b ist ein Termin beim Augenarzt.
    c ist eine Verabredung mit jemandem, den man noch nie zuvor gesehen hat.

4. Als «senior prom» bezeichnet man
    a eine Tanzveranstaltung für Senioren.
    b einen Ball für den Abschlußjahrgang der *high school*.
    c eine Vereinigung gegen ungewollte Schwangerschaften.

3. Rätsel

1. Wörtlich übersetzt heißt es «holländisch ausgehen» und bedeutet, daß jeder seine eigene Zeche zahlt.
2. Spitzname für stark religiöse, konservative Landstriche in den USA.
3. In dieser «Straße» läßt sich's prima parken und schmusen.
4. Die Dame, die dieses Ding auffängt, kommt angeblich als nächste unter die Haube.
5. Der arme Kerl zahlt meist die gesamten Hochzeitskosten.

4. Wie sagen Sie's im American Slang? Ordnen Sie zu.

1. Er will Schluß machen.
2. Er zählt auf mich.
3. Er ist völlig pleite.
4. Er hat Ausgangsverbot.
5. Er bohrt in der Nase.
6. Er sitzt in der Tinte.
7. Er hat mich angemacht.
8. Er ist ein guter Liebhaber.
9. Er ist abgehauen.

a He's flat-broke.
b He's up shitcreek.
c He hit on me.
d He's picking his nose.
e He wants to break up.
f He's a stud.
g He took off.
h He's grounded.
i He's counting on me.

5. Welcher Satz ist richtig?

1. a She's good-looking. She's a dog.
   b She's good-looking. She's a fox.

2. a He's a terrific athlete. He's such a jock.
   b He's a terrific athlete. He's such a nerd.

3. a I don't feel good. I'm going to barf.
   b I feel fantastic. I'm going to barf.

4. a Okay, that's a good idea. We'll meet there. No going!
   b Okay, that's a good idea. We'll meet there. Fine with me!

5. a Don't bite my head off! Why are you so angry?
   b Don't bite my head off! Why are you so hungry?

Essen und Trinken

Eats and Drinks

G luttony is not a secret vice» – Völlerei ist kein verborgenes Laster.
Wie recht Orson Welles damit hatte, zeigt sich an den *love handles*
und *thunder thighs* (Rettungsringe und Schlabberschenkel) vieler Amerikaner. Allerdings können wir unser Mitgefühl nicht verbergen: Wer sich
auch im Nachtprogramm noch den Verlockungen der Lebensmittel-
industrie ausgesetzt sieht, stürzt spätestens nach dem dritten *commercial*
(Werbespot) zur Kühltruhe, schnappt sich ein *frozen dinner* und zappt
(*to zap, to nuke*: in der Mikrowelle garen) kurzerhand eine Bulette auf
Verzehrtemperatur. Mikrowellenfutter hat die guten alten *TV dinners* ver-
drängt, jene Alutellerchen mit diversen Unterteilungen für Fleisch, Soße
und Beilagen, die bequem im Ofen erwärmt und vor der Glotze verspeist
werden konnten: «TV dinners and TV news.» *Microwave popcorn, cake
mixes* (Backmischungen), *frozen lasagna* – die kulinarischen Verlockungen
lauern in den eigenen vier Wänden.

Andererseits wird in keinem Land der Erde so forciert mit *low* oder *no fat*
geworben. Werbewirksam ist vor allem, wenn ein Produkt kein *cholesterol* (Cholesterin) hat und auch sonst keinen Beitrag zur Volksverfettung
liefert: Produkte mit dem Zusatz *fat free, low fat* oder *low cholesterol* sta-
peln sich in den Regalen der Supermärkte und appellieren an das
schlechte Gewissen des gesundheitsbewußten Dickbauchs, den

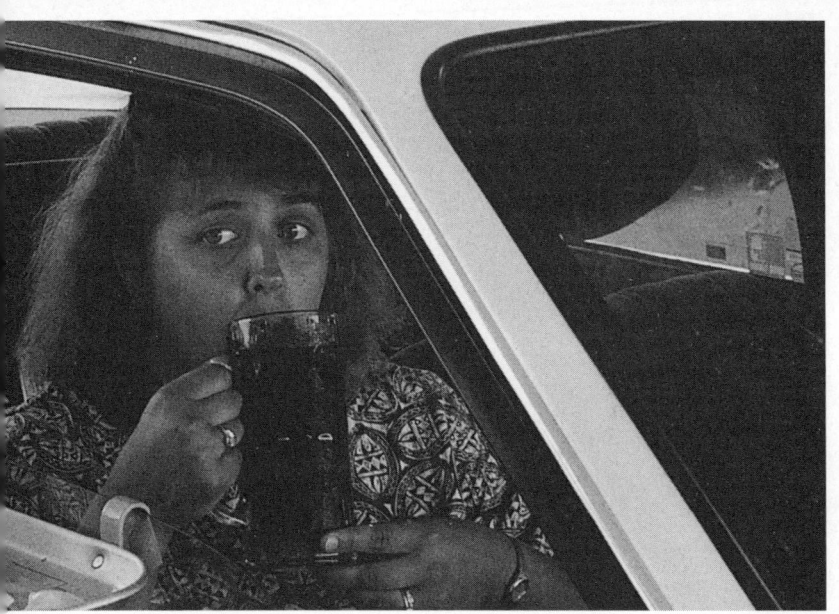

Schmähungen wie *fatso, porker* (fettes Schwein) oder *heifer* (dicke Kuh) allmählich auf die Couch eines *shrink* (Psychiater) treiben.

Was in deutschsprachigen Ländern als *light* apostrophiert wird, heißt in Nordamerika *diet: Diet Coke, Diet Pepsi, diet* irgendwas. Lediglich die alkoholarmen Biersorten tragen das Label *light: Bud light, Miller light.*

Hamburger steht im Ami-Englisch nicht zwangsläufig für Schwabbelbrötchen *(hamburger bun)* mit Fleischkloß *(hamburger patty)*, sondern auch für Gehacktes, das beispielsweise zu Hackfleischsoße verarbeitet wird. Ein amerikanischer Klassiker ist zweifellos der *Sloppy Joe*, Hackfleisch mit Ketchupsoße. Solch schlichte Küche wird mit Vorliebe von Kindern und College-Studenten vertilgt. Ebenfalls auf dem Speiseplan stehen Spaghetti-Os (O-förmige Spaghetti in Dosen) sowie *maccaroni and cheese*, Makkaronistückchen mit Käsesoße. Daß es sich beim Soßenmix um ein hundertprozentig künstliches Produkt handelt, wird spätestens klar, wenn man eine *mac-and-cheese*-Packung in Händen hält: nie teurer als ein Dollar, nur noch Wasser und Margarine zugeben.

Auch wenn die Amis sagen «as American as apple pie», so gelten doch bei uns nicht Apfelkuchen, sondern Ketchup und Kaugummi als Inbegriff amerikanischer Eßkultur. Auf jedem Tisch findet sich eine Ketchup-Flasche, und falls sie doch einmal fehlen sollte, gibt es kostenlose Ketch-up-Tütchen. Selbst das Frühstücksrührei wird mit dem süßsauren Tomatenbrei verfeinert. «Shake and shake / The catsup bottle, / None will come, / And then a lot'll» (Richard Armour).

Die großen Pizza-Ketten, allen voran *Domino's Pizza*, bieten für Bewegungsfaule auch noch Zustelldienste an: Wer von mitternächtlichen Hungergefühlen gepeinigt wird, greift einfach zum Telefon. Wenn der Pizzamann dann nicht innerhalb von dreißig Minuten nach Bestelleingang vor der Tür steht, erfolgt die Lieferung kostenfrei. Überhaupt wird in den Staaten immer weniger gekocht und immer öfter geordert oder auswärts gespeist. Die Preise für *soft drinks* und *junk food* sind überaus moderat. Wer die Reisekasse entlasten möchte und nach einem wirklich guten Deal sucht, sollte sich einmal an einem *all-you-can-eat buffet* versuchen: Essen, bis man platzt, für sehr wenig Geld.

Krankhafte Fettleibigkeit *(obesity)* sticht dem US-Besucher schnell ins Auge. Mit Verständnis und Mitgefühl ist es aber schnell vorbei, wenn man mit ansehen muß, wie das Hauptgericht, kaum berührt, von der Bedienung abserviert wird, nur um von einem üppigen *apple pie à la mode* ersetzt zu werden. Doch bald überlagert eigener Futterneid den Zorn: So ein *apple pie* ist was Feines. Der Zusatz *à la mode* verweist auf eine Kugel *(scoop)* leckerster Vanille-Eiskrem. Die Versessenheit der Amis auf Nachtisch zeigt sich auch daran, daß neben der altbekannten *salad bar* oft auch eine *dessert bar* angeboten wird. Dazu läßt sich vorzüglich Kaffee trinken, denn letzterer ist zwar dünn, wird aber nach der Bitte «Could I have a refill?» kostenlos nachgeschenkt: eine Tasse ohne Boden, *the bottomless cup*.

Tischmanieren

Das ganze Steak erst einmal in mundgroße Stückchen zerlegen. Dann das Messer auf den Tisch legen und die Gabel ins schöne Händchen nehmen. Die andere Hand ruht derweil brav im Schoß – und nicht etwa auf der Tischkante. Knigge auf amerikanisch.

Hot!

Hot heißt nicht nur «heiß», sondern auch «scharf». Behalten Sie das im Hinterkopf, wenn Sie beim Mexikaner essen.

On the highway

My stomach's growling. Mein Magen knurrt.

Let's get some grub. Laß uns was futtern.

Will that do? Ist das in Ordnung?

skimpy portions mickrige Portionen

In a truck stop

Hold the bacon. Lassen Sie den Schinkenspeck weg.

Put the butter on the side. Bringen Sie die Butter extra.

decaf entkoffeinierter Kaffee

Comin' right up. Kommt sofort.

Later in the same truck stop

I'm stuffed. Ich bin völlig satt.

I'll get the check. Ich übernehme die Rechnung.

No way, José! Nie und nimmer!

I'll pick up the tab. Ich übernehme die Rechnung.

I ain't rollin' in dough. Ich schwimme nicht in Geld.

In a bar

Straight-up or on the rocks? Pur oder mit Eis?

I'm plastered. Ich bin sternhagelvoll.

He slammed a beer. Er hat ein Bier weggepumpt.

He has a hangover. Er hat 'nen Kater.

I gotta take a leak. ⟨!⟩ Ich muß mal pinkeln.

Where's the john? Wo ist das Klo?

We ain't dumb, wir sind doch nicht blöd

«I'm not, you aren't, he isn't.» Ist Ihnen diese Konjugiererei nicht auch zu anstrengend? Wir hätten da etwas für Sie: «I ain't, you ain't, he ain't» usw. bis zum Ende. Doch Vorsicht, diese Negation gilt als *substandard English*, schlechtes Englisch. Verstanden freilich wird's von allen.

Wer besoffen ist, ist...

blasted, blitzed, bombed, faced, fried, hammered, loaded, lubed, plastered, ripped, shitfaced ⟨!⟩, smashed, squiffed, tight, toasted, trashed, wasted

Slang

On the highway
Tom and Ray are driving from Chicago to Memphis. They decide to stop for breakfast.

Ray: **I'm so hungry I could eat a horse**.

Tom: **Yeah**, my stomach's been **growlin'** the past fifty miles. Let's **pull over** somewhere and get some **grub**.

Ray: **Okay by me**. Where do ya wanna stop?

Tom: Not in any **hicktown**. Let's wait for a **McDs** or a **KFC**.

Ray: Well, there's a **truck stop** up ahead. **Will that do?**

Tom: **Hell, yes**! If that many **truckers** stop there, the portions can't be **skimpy**.

In a truck stop
Tom and Ray are looking at their menus when the waitress comes to take their order.

Dot: **Mornin'. The name's** Dot. I'll be your waitress this morning. **What'll it be?**

Ray: Good mornin', Dot. I'll have two eggs, bacon and toast.

Dot: **How do ya want** them eggs? **Scrambled**, **over-easy** or **sunny-side up**?

Ray: **I'll take 'em over and smashed**.

Dot: What kinda toast?

Ray: Whole-wheat.

Dot: Anything to drink?

Ray: Coffee. **Black**.

Dot: **You got it. How about you?**

Tom: **I'll have the same**, but I want **scrambled** eggs and **hold** the bacon.

Dot: Whole-wheat toast or white?

Tom: Whole-wheat and **put** the butter **on the side**.

Dot: You want coffee too?

Tom: **Yup**, **decaf** with lotsa **cream**.

Dot: Okay, **comin' right up**. Thanks.

Ray: **I'm extremely hungry**.

Tom: **Yes**, my stomach's been **making noises** for the past fifty miles. Let's **stop** somewhere and get some **food**.

Ray: **I agree**. Where do you want to stop?

Tom: Not in a **very small town**. Let's wait for a **McDonald's** or a **Kentucky Fried Chicken**.

Ray: Well, there's a **combination restaurant/gas station mainly used by truck drivers** up ahead. **Is that okay?**

Tom: **Yes, of course.** If that many **truck drivers** stop there, the portions can't be **small**.

Dot: **Good morning. My name's** Dot. I'll be your waitress this morning. **What would you like to order?**

Ray: Good morning, Dot. I'll have two eggs, bacon and toast.

Dot: **How would like** the eggs **to be prepared?** Mixed together, **cooked on both sides** or **cooked on only one side?**

Ray: **I would like to have them cooked on both sides with the egg yolks broken.**

Dot: What kind of toast?

Ray: Whole-wheat.

Dot: Anything to drink?

Ray: Coffee. **No milk or sugar**.

Dot: **Okay. And you?**

Tom: **I want to order the same thing**, but I want my eggs **mixed up** and **no** bacon.

Dot: **Whole-wheat toast or** white?

Tom: Whole-wheat and **put** the butter **on the side of the plate (not on the toast)**.

Dot: Do you also want coffee?

Tom: **Yes, decaffeinated coffee** with lots of **milk**.

Dot: Okay, **I'll bring it soon**. Thank you.

5

Slang

Later in the same truck stop
Tom and Ray have just finished their meal. Both of them want to pay the bill.

Ray: I'm **stuffed**. That was delicious.

Tom: **Yeah**, but it's time to go. – Waitress, **check**, please!

Dot: How was your meal?

Tom: Great. We even **cleaned our plates.** Can we have the **check**, please?

Dot: **On its way!**

Ray: **Hey**, Tom, **I'll get it.**

Tom: **No way, José! It is on me,** Ray.

Ray: Really, let me **get the check**. It's only **a coupla bucks. Fork over** the **check.**

Tom: C'mon, you **picked up the tab** last time. Do ya think I'm a **cheapskate?**

Ray: Well, let's **split** it. **Fifty-fifty**.

Tom: **Not another word. I ain't rollin' in dough**, but I can **foot this bill**. If you don't **give it a rest**, you'll be eatin' a **knuckle sandwich** for dessert.

Ray: All right, don't get so **uptight. Take it easy**. I'm not gonna **twist your arm**, but at least let me **get** the tip.

Tom: **Fine with me**.

In a bar
It's Friday night and Bob and Ray are drinking in their favorite bar. They've drunk a lot of alcohol.

Bob: Want another drink? **It's on me.**

Ray: **Yeah**, Scotch.

Bob: **Straight-up** or **on the rocks?**

Ray: **Straight-up.** What about you? Already **plastered?** You **put away** lotsa **booze**.

Bob: **Naaw**, but I don't feel too good. I never shoulda **slammed that last beer** and I should **lay off** the shots of tequila. Aw, geez, tomorrow I'm gonna have **a mother of a hangover. Hey,** I gotta **take a leak**. Where's the **john** in this **place?**

Ray: You can **make a pit stop** over there, **lightweight**.

Ray: I'm **very full**. That was delicious.

Tom: Yes, but it's time to go. – Waitress, **the bill**, please!

Dot: How was your meal?

Ray: Great. We **ate everything on our plates.** Can we have the **bill**, please?

Dot: **I'll bring it right away!**

Ray: **Please,** Tom, **I'll pay the bill**.

Tom: **Absolutely not! I'll pay,** Ray.

Ray: Really, let me **pay for** it. It's only **a few dollars**. **Give me** the **bill.**

Tom: You **paid the bill** last time. Do you think **I'm stingy**?

Ray: Well, let's **both pay part of it. I'll pay half and you can pay the other half**.

Tom: **Don't say anything else. I'm not very rich**, but I can **pay this bill**. If you don't **stop talking about it**, you'll be eating **my fist** for dessert.

Ray: All right, don't get so **angry. Calm down**. I'm not going to **force you**, but at least let me **pay** the tip.

Tom: **I agree.**

Bob: Do you want another drink? **I'll pay for it.**

Ray: **Yes**, Scotch.

Bob: **Pure** or **with ice cubes?**

Ray: **Pure.** What about you? Are you already **drunk?** You **drank** lots of **alcohol.**

Bob: **No,** but I don't feel very well. I never should have **drunk that last beer without a pause** and I should **stop drinking** shots of tequila. Tomorrow I'm going to have a **very big headache (from drinking too much).** Listen, I have to **urinate.** Where's the **toilet** in this **bar?**

Ray: You can **go to the toilet** over there, **person who gets drunk quickly.**

1. Was fehlt?

1. I'm so hungry I could eat a … .
- **a** bear
- **b** pig
- **c** horse

2. I can't believe you ate so much. You must be … .
- **a** packed
- **b** stuffed
- **c** filled

3. Give me that! … it over!
- **a** Spoon
- **b** Knife
- **c** Fork

4. I'm on a diet, so … the mayonnaise on my sandwich.
- **a** keep
- **b** save
- **c** hold

5. She's really rich. She's … in dough.
- **a** rolling
- **b** lying
- **c** sleeping

6. This is going to be expensive. Who's going to … the bill?
- **a** shoulder
- **b** foot
- **c** leg

7. I don't like sugar in my coffee, but I want lots of … in it.
- **a** milk
- **b** cream
- **c** yogurt

8. I'm still hungry. The portions at that restaurant are so … .
- **a** skimpy
- **b** skinny
- **c** enormous

9. Please give it to me. I hope I don't have to twist your … to get it.
- **a** neck
- **b** leg
- **c** arm

10. He said some bad things about my sister, so I gave him a … sandwich. I hit him so hard, he lost three teeth.
- **a** knuckle
- **b** finger
- **c** hand

11. People driving across the country often eat at truck … . The food's good and inexpensive.
- **a** stations   **b** ports   **c** stops

---

2. Was bedeutet der Slang-Ausdruck? Finden Sie das passende Gegenstück in Standard English.

1. You can't leave the table until you **clean your plate**.
- **a** wash the dishes
- **b** eat everything on your plate
- **c** put your plate in the cupboard

2. I had lunch yesterday at **KFC**.
- **a** a fast-food chicken restaurant
- **b** a fast-food hamburger restaurant
- **c** a fast-food pizza restaurant

3. I had dinner with Bob. Since it was his birthday, I **picked up the tab**.
- **a** ordered something special
- **b** paid for the meal
- **c** had cake for dessert

4. I didn't have any breakfast, so my stomach is **growling**.
- **a** empty
- **b** causing me pain
- **c** making noises

5. I won't do it. **No way, José**.
- **a** José won't do it either.
- **b** I will not do it.
- **c** I might do it, if you ask me again politely.

6. My husband **is a trucker**, so I don't see him that often.
- **a** drives a truck for a living
- **b** travels often
- **c** likes to go out with friends

Reste zum Mitnehmen

Waren die Augen mal wieder größer als der Mund? Nicht verzagen, denn Amerika hat den *doggie bag* erfunden. Was früher verschämt als «Reste für den Hund» mit nach Hause genommen wurde, ist fester Servicebestandteil: Gerne wird man Ihnen die übriggebliebenen Pizzastücke in eigens dafür hergestellte Kartons einpacken. Amerikaner lieben übrigens kalte Pizza zum Frühstück.

3. Klaffende Lücken in der Konversation. Vervollständigen Sie die Gespräche.

a hold **b** How do ya want **c** coming right up **d** The name's **e** cream
f What'll it be?

Two women, Ann and Debbie, are in a small restaurant. The waitress takes their order.

Wtr: Hello, ladies. **(1)** … Marilyn. I'll be your waitress this morning.
(2) … .
Debbie: I'll have a cup of decaf.
Wtr: Okay. **(3)** … your coffee?
Debbie: With sugar and **(4)** … .
Wtr: You got it. How about you?
Ann: I'll have the same, but **(5)** … the sugar.
Wtr: Okay. Two cups of decaf **(6)** … . Thanks.

g split **h** Fine with me **i** On its way **j** check **k** Fifty **l** pick up

Ann and Debbie have finished their coffee and are ready to leave. The waitress asks them if they want anything else.

Wtr: Can I get you anything else?
Debbie: No, thanks. Just the **(7)** …, please.
Wtr: Okay. **(8)** …!
Ann: Thanks for having coffee with me, Debbie. Let me
(9) … the tab.
Debbie: No, I can't let you do that, Ann. Let's **(10)** … it.
Ann: Okay, Debbie. **(11)** …-fifty. The total was $4.50, so you have to pay $2.25, but I'll leave the tip, okay?
Debbie:**(12)** … .

4. Lückenfüller

slammed / hangover / john / plastered / mother / lightweight / booze / on the rocks / it's on me / pit stop

1. He drank a lot of … last night. I bet he has a terrible … this morning. I'll buy some aspirin.
2. Waiter, please bring me a Scotch … . My friend wants one straight-up.
3. You can't drive. You drank too much. You're .:. .
4. I can't believe it. This joint doesn't have a … and I have to take a leak.
5. After she … one beer, she started laughing really hard and she almost fell down. She's a … . One beer and she's drunk.
6. I drank too much coffee. Where can I make a … in this place?

7. Don't even think about paying for dinner. I invited you, so … .

8. Today is his birthday. I bought him a … of a birthday cake. It's enormous.

What didja say? Common contractions used by Americans

Hören Sie die Sätze, und benutzen Sie beim Nachsprechen die Kontraktion «gimme». Zur Kontrolle hören Sie dann noch einmal den Sprecher.

Standard English: **Give me** a cup of coffee.
Slang: **Gimme** a cup of coffee.

Note: Der Ton macht die Musik. **Gimme** kann unter Umständen als unhöflich empfunden werden.

1. Give me some grub.
2. Give me some coffee, black.
3. Give me a beer.
4. Give me a Scotch straight-up.
5. Give me two eggs, sunny-side up.
6. Give me a Jack Daniel's on the rocks.
7. Give me a decaf.
8. Give me some toast, hold the butter.
9. Give me the check, please.
10. Give me a shot of tequila.
11. He's going to give me a knuckle sandwich.
12. She's going to give me her phone number.

Kaffee und Cola

Die Standardrückfrage beim Kaffeebestellen: «Regular or decaf?», normal oder entkoffeiniert. Nicht wesentlich anders beim Wunsch nach einer Cola: «Diet or regular? Caffeine-free? Diet caffeine-free?» *What?!* Nein wirklich, was zuviel ist, ist zuviel.

How would you like …

Wer in Deutschland mufflig-wortkarge Bedienung gewöhnt ist, wird sich in den Staaten fürstlich verwöhnt fühlen. Der Gast ist König, der Service läuft allerdings immer nach dem gleichen Schema ab. Klar, ein guter Teil der Freundlichkeit ist *corporate policy*, Firmenrichtlinie, und wird den Angestellten antrainiert. Wer oberflächliche Freundlichkeit nicht mag, fühlt sich da leicht unbehaglich. Andererseits: Lieber oberflächliche Freundlichkeit als oberflächliche Unfreundlichkeit wie hierzulande.

Frühstück in Amerika, da gilt es, schon am frühen Morgen weitreichende Entscheidungen zu treffen: «How would you like your eggs?» säuselt die Bedienung. Das setzt unter Zugzwang, denn die Auswahl an Zubereitungsmöglichkeiten für Eier ist so gigantisch groß wie das ganze Land. Das schlichte deutsche Frühstücksei gibt's zwar auch, liegt in der Beliebtheitsskala aber weit hinten. Wissen sollten Sie: *Over-easy* steht für ein auch auf der Dotterseite gebratenes Spiegelei, *over and smashed* ist fast das gleiche, aber mit zerlaufenem Dotter, bei *sunny-side up* liegt endlich der Dotter mal oben.

Ein weiterer Frühstücksklassiker sind die berühmten *pancakes* mit *maple syrup*, Ahornsirup. Wer morgens kräftigere Genüsse sucht, halte sich an *sausage links* (kleine Bratwurststückchen), *bacon* (gebratener Schinkenspeck), *ham* oder *steak*. Eine Art Kartoffelpuffer sind die *hash browns*. Bagels könnten als Brötchenersatz durchgehen, hätten sie nicht dieses seltsame Loch in der Mitte. *Biscuits* und *muffins* sind ebenfalls als Ersatzbrötchen zu gebrauchen, werden oft mit Ei oder Schinken serviert. Berliner beziehungsweise Krapfen gibt es in endlosen Varianten bei *Dunkin' Donuts* und *Mr. Donut*, zwei Kettencafés, die überall in den USA zu finden sind. Der typische *donut* (wörtlich: Teignuß, *doughnut*) sieht aus wie ein *bagel*, also auch mit Loch in der Mitte. Glasuren und süße Füllungen gibt es nach Wunsch.

Für alle Restaurants ohne Selbstbedienung gilt: Nachdem Sie gegessen haben, sollten Sie auf jeden Fall 15 bis 20 Prozent der Rechnung als Trinkgeld (tip) auf den Tisch legen, denn nirgendwo ist der Stundenlohn so niedrig wie bei den Bedienungen im Restaurant. Vielleicht erklärt ja das die extreme Zuvorkommenheit der Belegschaft.

In the kitchen

I've had a bitch of a day. ⟨!⟩ Ich hatte einen Scheiß-Tag.

I feel like pigging out. Ich habe Lust, mir den Bauch vollzuschlagen.

a doggie bag Mitnahmebox für Übriggebliebenes

Barf! Kotz!

How does that grab ya? Was hältst du davon?

Zap it for ten minutes! Wärm's zehn Minuten in der Mikrowelle auf!

In a burger joint

Two burgers with the works. Zwei Hamburger mit allem.

Go easy on the ice. Nicht so viele Eiswürfel.

For here or to go? Für hier oder zum Mitnehmen?

In the dining room

Yuck! Würg!

No lip from you! Motz nicht rum!

She had a cow. Sie ist sauer geworden.

Beats me! Null Ahnung!

Yummy!/Yum! Lecker!

We porked out. Wir haben sauviel gegessen, schweinisch reingehauen.

a smart aleck Klugscheißer

Restaurantbesuch

Der typische Restaurantbesuch beginnt mit einer kleinen Verzögerung: «Wait to be seated» mahnt ein Schild gleich am Eingang. Das Warten freilich ist, nachdem die gewünschte Gruppen- und Tischgröße ermittelt wurde («How many people?», «Is this for two?»), schnell vorbei. «Smoking or non-smoking?» wird nachgehakt. Dann geleitet die *hostess* an den Tisch, und wenig später erscheint die eigentliche Bedienung und erklärt freudig: «Hi, I'm Jenny, I'll be yout waitress tonight.» Ihre Bestellung sollten Sie mit «I'll have…», gefolgt vom Namen des Gerichtes, aufgeben. Während des Essens wird die Servigerin mindestens einmal nachfragen, ob denn auch alles in Ordnung und man zufrieden sei.

Slang

In the kitchen
Dan just got home from work and he's hungry. His wife Pat's in the kitchen.

Dan: Hi, **honey**. What's for **supper**?

Pat: I've had **a bitch of a** day. I haven't started cooking yet.

Dan: Forget it. Let's **eat out**. We could **grab a bite** at the **place** up the road. They serve the **meanest** fried chicken.

Pat: I don't feel like **pigging out**. When we eat there, I always bring home most of my meal in a **doggie bag.** I'm really not that hungry.

Dan: Well, I'm **starving**. I **skipped** lunch today. Didn't even have time to **grab** a sandwich. I'm gonna **pass out** soon.

Pat: That isn't healthy. You're always **eatin' on the run**. Maybe you should **brown bag** it. I can **pack a lunch** that's good for ya.

Dan: **Gimme a break. I'm dyin' of hunger**. What about Chinese **take-out**?

Pat: **Barf! I'm sick of** Chinese. I went shopping this week, so the **fridge** is **packed. Haul** some microwave dinners **out** of the freezer. **How does that grab ya?**

Dan: **Okay by me.** – Hmmm, whatcha want? Lasagna?

Pat: **Sounds good. Pop** it in the microwave and **zap** it for ten minutes.

Dan: **Nothing to it!**

Dan: Hi, **dear**. What's for **dinner**?

Pat: I've had a **miserable** day. I haven't started cooking yet.

Dan: Forget it. Let's **eat in a restaurant**. We could **eat something** at the **restaurant** up the road. They serve the **best** fried chicken.

Pat: I don't feel like **eating a lot**. When we eat there, I always bring home most of my meal in a **container for leftover food**. I'm not that hungry.

Dan: Well, I'm **very hungry**. I **didn't eat** lunch today. I didn't even have time to **buy** a sandwich. I'm going to **become unconscious** soon.

Pat: That isn't healthy. You're always **eating without relaxing**. Maybe you should **take food from home with you**. I can **put food** that's good for you **in a paper bag**.

Dan: **Stop it**. I'm **very hungry**. What about Chinese **food prepared in a restaurant but eaten at home**?

Pat: **(Disgust!) I'm tired of eating** Chinese food. I went shopping this week. The **refrigerator** is **full**. **Take** some microwave dinners **out** of the freezer. **What do you think of that**?

Dan: **I agree**. – Hmmm, what do you want? Lasagna?

Pat: **Okay**. **Put** it in the microwave and **cook** it for ten minutes.

Dan: **That's easy**!

Slang

In a burger joint
Tom is ordering his lunch in a burger joint. That's a fast-food restaurant which serves mainly hamburgers.

McGirl: **Hi, what'll it be**?

Tom: Two **burgers with the works**.

McGirl: Any **fries** with that?

Tom: **Yeah**, gimme a large **order**.

McGirl: Anything to drink?

Tom: I'll have a **coke** but **go easy on** the ice.

McGirl: Small, medium or large?

Tom: Large.

McGirl: **Is this for here or to go?**

Tom: **For here.**

McGirl: **That makes** $5.98.

Tom: Here you are.

McGirl: **Thanks**. Here's your change and here's your food. Enjoy your meal.

In the dining room
After Ann spends the afternoon with her friend Tammy, she has dinner with her mother. She thinks the food tastes terrible.

Ann: Aw, **Mom**, broccoli again?!? **Yuck!** I'm **sicka** eatin' this **gunk**. It's **gross**.

Mom: **No lip from you**, you **brat**. Don't be so **fussy**. **Veggies** are good for you. I **slaved** in the kitchen to make this **stuff** and you're gonna eat it.

Ann: Okay, **excuse me for livin'**. I'm eatin' it. **Gosh**, you **sure** are **grumpy**. Tammy's **mom whipped up** pizza for us at lunch and she didn't **have a cow**.

Mom: What kind of pizza?

Ann: **Beats me!** But it was really **yummy**. We really **porked out**. Yum! Pizza sure **beats** broccoli.

Mom: **That's enough outta you**, you **smart aleck**. What did you do at Tammy's house besides **stuff your faces with junk food**?

Ann: **Nothing much.** But before I came home, we **raided the fridge**. I ate **tons of** ice cream.

Tom: I'll have a **cola** but **don't put a lot of** ice **in it**.

McGirl: Small, medium or large?

Tom: Large.

McGirl: **What would you like to order**?

McGirl: **Do you want to eat this here or take it with you**?

Tom: Two **hamburgers with everything on them**.

Tom: **I want to eat it here**.

McGirl: Any **French fries** with that?

McGirl: **The total is** $5.98.

Tom: Yes, give me a large **portion**.

Tom: Here you are.

McGirl: Anything to drink?

McGirl: **Thank you.** Here's your change and here's your food. Enjoy your meal.

Mom: What kind of pizza?

Ann: **I have no idea**! But it was very **delicious**. We really **ate a lot. Delicious**! Pizza certainly is better **than** broccoli.

Ann: Oh, **Mother**, broccoli again?!? **It tastes bad**! I'm **tired of** eating this **bad-tasting thing**. It's **disgusting**.

Mom: **Don't say another word, you think you're so clever.** What did you do at Tammy's house besides **eat a lot of unhealthy food**?

Mom: **Don't complain**, you **naughty child**. Don't be so **selective. Vegetables** are good for you. I **worked hard** in the kitchen to make **this food** and you're going to eat it.

Ann: **Nothing very interesting.** But before I came home, we **took lots of food out of the refrigerator and ate it.** I ate **a lot of** ice cream.

Ann: Okay, **I'm sorry**. I'm eating it. **(Annoyance!)**, you **certainly** are **in a bad mood**. Tammy's **mother quickly prepared** pizza for us at lunch and she didn't **get upset**.

1. Was paßt?

1. I'd really like a cold beer. Are there any in the … ?
    a freezer   **b** fridge   **c** microwave

2. I never have time for a good lunch. I always eat on the … .
    a move   **b** walk   **c** run

3. Now that I have a microwave, I … everything before I eat it.
    a zap   **b** push   **c** slap

4. I can't eat all of this. Call the waiter and ask for a … bag.
    a doggie   **b** pet   **c** kitty

5. Let's have Mexican food tonight. How does that … ya?
    a get   **b** grab   **c** touch

2. Was soll das heißen? Finden Sie den passenden Ausdruck in Standard-Englisch.

1. You want to watch the TV news?!? **I'm sick of watching TV.**
    a I enjoy watching TV.
    b I have to watch TV.
    c I don't want to watch TV.

2. That was **a bitch of a test**. I don't think I did very well.
    a an easy test
    b a difficult test
    c a biology test

3. He doesn't have much time for lunch, so he usually **brown bags it**.
    a eats nothing
    b eats something he buys at lunchtime in the supermarket
    c eats something he brings from home

4. He **popped** it into the corner and forgot it.
    a put
    b found
    c broke

5. This is the **meanest** cake I've ever eaten.
    a best
    b worst
    c most unfriendly

6. I'm really hungry. I'm going to **pig out** tonight.
    a eat pork
    b eat nothing
    c eat a lot

7. What did I have for lunch? I had Chinese **take-out**.
    a food, which I ate in the restaurant
    b food, which I ate at home
    c food, which I didn't like

8. Let's **eat out**.
  a eat in a park   **b** eat in a restaurant   **c** eat in the car

3. Übersetzen Sie den Standard-Englisch-Text in Slang. Füllen Sie die Lücken, damit die Bestellung schön slangig rüberkommt.

Standard English: I'd like one hamburger with pickles, lettuce, tomatoes, onions, ketchup, mustard and mayonnaise; one large portion of French fries; and a cola in a small cup with only a few ice cubes in it. I want to take this with me.

to go / with the works / order / go easy on / burger / small / coke / fries

Slang: I'd like one (1) … (2) … ; one large (3) … of (4) … and a (5) … (6) … but (7) … the ice. This is (8) … .

4. Jemand bedenkt Ihre selbstgebackene Pizza mit den folgenden Ausdrücken: Schmeckt ihm die Pizza, oder ist er dabei, sich den Magen zu verrenken?

Does she or he like your pizza?	yes	no
1. Yuck!		
2. This is gross.		
3. Barf!		
4. Yum!		
5. Nothing beats your pizza.		
6. I'm going to pork out.		
7. Your pizza is yummy.		
8. Did you make this gunk?		
9. This is the meanest pizza I've ever eaten.		

Texmex

Texmex, die texanische Variante mexikanischer Küche, ist auch im höchsten Norden zu haben. Sie ist so sehr Teil der amerikanischen Gesamtkultur geworden, daß es längst schon eine Texmex-Kette namens *Taco Bell* gibt, die in jeder größeren Stadt semi-mexikanisches *fast food* unters Volk bringt. Probieren Sie mal *bean burritos* und *soft shell tacos*, dazu *nacho chips* mit *dip* (Mais-Chips mit Tunke) als Vorspeise.

üben

5. Lassen Sie zusammenwachsen, was zusammengehört.

1. If you want to lose weight,	**a** I'll have a cow.
2. I don't like that boy,	**b** so he's really tired.
3. He's so fat,	**c** because he didn't get enough sleep.
4. He slaved all day at the office,	**d** because it's yummy.
5. If you're hungry,	**e** because he always stuffs his face.
6. He's grumpy,	**f** because you raided it last night.
7. If you break that,	**g** you should eat lots of veggies.
8. I want some more,	**h** I'll whip up some eggs.
9. The fridge is empty,	**i** because he's such a brat.

6. Vervollständigen Sie das Gespräch mit den folgenden Wörtern:

a porked out **b** cow **c** beat **d** Nothing much **e** smart aleck **f** brats
g tons **h** fussy **i** junk food **j** whipped up **k** lip

Two women, Sally and Jane, are talking on the phone about their weekend.

Jane: Hi, Sally. What did you do this weekend?
Sally: **(1)** … ! How was your weekend?
Jane: Terrible. I had to babysit my sister's kids. They're **(2)** … .
Sally: That's the pits. What happened?
Jane: I had to make dinner for them. I thought kids like spaghetti, so I **(3)** … a huge pot of it.
Sally: That sounds good. I bet they **(4)** … .
Jane: Wrong! Those kids are so **(5)** … . They wouldn't eat it. Her son Jeff is such a **(6)** … . He said his mother's spaghetti tasted a lot better.
Sally: What a brat! I woulda had a **(7)** … . What did you say?
Jane: I told him not to give me any **(8)** … , I took them to a burger joint. They really love **(9)** … . Jeff told me burgers really **(10)** … my spaghetti.
Sally: That isn't true. You're a good cook.
Jane: Well, now I have **(11)** … of spaghetti in the fridge. Wanna come over for dinner?

Pizza Hütte

Wie oft müssen wir es denn noch sagen?! *Pizza Hut* hat nichts mit Hut am Hut, sondern mit Hütte. Aussprache wie deutsches a: Pizza Hat! Beim Bestellen jedweder Pizza in den USA richte man sich auf die Frage nach dicker oder dünner Teigkruste ein: «Thick or thin crust?» Eine *pan pizza* hat immer eine dicke Kruste.

What didja say? Common contractions used by Americans

Hören Sie die Sätze, und benutzen Sie beim Nachsprechen die passenden Kontraktionen. Zur Kontrolle hören Sie dann noch einmal den Sprecher.

| **Standard English:** | I'll take a shot **of** tequila. |
| **Slang:** | I'll take a shot **a** tequila. |

Note: Hier einige Beispiele für diesen Kontraktionstyp.

a bunch of	a buncha	ein paar
a couple of	a coupla	einige
kind of	kinda	irgendwie
lots of	lotsa	ein Haufen
most of	mosta	die meisten
rid of	ridda	(etwas, jemanden) los sein
sick of	sicka	(etwas) satt haben, einer Sache überdrüssig sein
sort of	sorta	irgendwie

1. She's sort of grumpy.
2. Would you like a cup of coffee?
3. We're sick of eating chicken.
4. I'd like a coke with lots of ice.
5. We ate tons of ice cream.
6. A couple of pieces of toast.
7. You should eat lots of veggies.
8. Two bottles of beer, please.
9. Give me a couple of fries.
10. I'm sick of slaving in the kitchen.
11. Kids eat lots of junk food.
12. One bowl of soup, please.

Die schönste Stunde des Tages

Die *happy hour* beginnt gleich nach dem Feierabend um 17 Uhr. Bier kostet gerade mal die Hälfte, und auch Drinks gibt es als *two for one*, zwei zum Preis von einem. Und um das Glück perfekt zu machen, spendiert der Wirt kostenlose *munchies*, Knabberzeugs: nicht immer nur Chips, sondern auch schon mal eine aufgeschnittene *thin crust pizza* oder *buffalo wings*, «Büffelflügel» (besonders kräftige Hähnchenflügel).

On the highway

eat a horse: I'm so hungry I could ~. Ich bin so hungrig, ich könnte ein Pferd verdrücken.

growl: My stomach is ~ing. Mein Magen knurrt.

grub, some Futter

Hell, yes! ⟨!⟩ Aber klar doch!

hicktown, a Kuhdorf

KFC, a Kentucky Fried Chicken

McD's McDonald's

Okay by me. Geht in Ordnung.

skimpy mickrig

truck stop, a Fernfahrer-Raststätte

trucker, a Fernfahrer

Will that/this do? Tut's das? Ist das so okay?

How do you want ...? Wie willst du ... (zubereitet haben)?

Mornin'! Guten Morgen!

name: The ~'s Dot. Ich bin Dot.

over and smashed: I'll have my eggs ~. auf dem zerlaufenen Dotter gebacken

over-easy: I'll have my eggs ~. auf dem Dotter gebacken

put: ~ the butter on the side. Die Butter extra, nicht draufschmieren

scrambled: eggs ~. Rühreier

sunny-side up: I'll have my eggs ~. normales Spiegelei

take: I'll ~ it ... Ich will es ... (soundso zubereitet).

want: How do you ~ your...? Wie willst du ... (zubereitet haben)?

What'll it be? Was darf's sein?

Yup! Jawoll!

In a truck stop

about: How ~ you? Und du?

black (coffee) schwarzer Kaffee

come: ~ing right up! Kommt sofort!

cream, some Kaffeemilch

decaf (coffee) entkoffeinierter Kaffee

got: You ~ it! Kein Problem, kriegen Sie!

have the same: I'll ~. Das gleiche für mich.

hold the bacon den Speck weglassen

How about you? Und du?

Later in the same truck stop

ain't Slang-Form von I'm not, you're not, he isn't usw.

buck, a Dollar

cheapskate, a Geizhals

check, the Rechnung

clean: to ~ one's plate Teller leer essen

coupla, a ein paar

fifty-fifty halbe-halbe

foot the bill, to die Rechnung übernehmen

fork over, to rüberschieben

get: I'll ~ it. Ich übernehme das.

It's on me. Ich zahle.

knuckle sandwich, a Kinnhaken

on: It's ~ me. Ich zahle.

pick up: to ~ the tab die Rechnung übernehmen

rolling in dough, to be in Geld schwimmen

sandwich: a knuckle ~ Kinnhaken

split (the bill), to (den Rechnungsbetrag) teilen

stuffed voll satt

take it easy, to sich nicht aufregen

twist someone's arm, to jemanden mit Gewalt zu etwas bringen

uptight aggressiv, stinkig

way: No ~, José! Kommt nicht in die Tüte!

way: On its ~! Schon unterwegs!

word: Not another ~! Schluß jetzt! Ende der Debatte!

In a bar

booze, some Alkohol, Schnaps

hangover, a morgendlicher Kater

john, the Klo

lay off, to bleiben lassen, «entlassen»

lightweight, a Konfirmand, nicht trinkfester Mensch

make a pit stop, to Pinkelpause machen

mother of a ..., a ein Mords...

on the rocks mit Eiswürfeln

place, a Kneipe, Restaurant

plastered vollgesoffen

In the kitchen

Barf! Kotz, würg!

bitch of, a/n, a ⟨!⟩ ein Scheiß-...

brown bag it, to etwas zum Mitnehmen, eintüten

die: I'm dying of hunger! Ich bin am Verhungern!

doggie bag, a Tüte für Reste

eat on the run, to schnell was in sich reinstopfen

eat out, to im Restaurant essen, essen gehen

put away, to wegpumpen, verdrücken

slam (a beer), to (ein Bier) wegpumpen

straight-up pur

take a leak, to ⟨!⟩ pinkeln, urinieren

feel like: I don't ~ ... Ich habe keinen Bock auf ...

fridge, a Kühlschrank

grab a bite, to was zu beißen besorgen

grab: How does that ~ you? Was hältst du davon?

grab: to ~ some food was zu beißen besorgen

haul out, to rausnehmen, rausholen

honey Schatz, Liebling

Alle Wörter

How does that grab ya? Was hältst du davon?

meanest, the das Unglaublichste, Beste, Coolste

Nothing to it! Das ist ein Kinderspiel! Kinderleicht!

pack a lunch, to ein Mittagessen einpacken

pack: The fridge is ~ed. Der Kühlschrank ist knallvoll

pass out, to in Ohnmacht fallen

pig out, to sich den Bauch vollschlagen

pop, to reinstecken

In a burger joint

burger joint, a Hamburger-Schnellrestaurant

burger, a Hamburger

coke, a Coca-Cola

sick of something, to be von etwas die Nase voll haben

skip: to ~ a meal eine Mahlzeit auslassen

sound: ~s good. Klingt vernünftig.

starving, to be am Verhungern sein

supper, some Abendessen

take-out, some Essen zum Mitnehmen

There's nothing to it! Das ist ein Kinderspiel! Kinderleicht!

zap, to in der Mikrowelle aufwärmen

for here: Is this ~ or to go? Für hier oder zum Mitnehmen?

fries, some Pommes, Fritten

go easy on ..., to nicht so viel

make: That ~s $... Das macht $...

order, an eine Portion

In the dining-room

beat, to übertrumpfen, ausstechen

beat: ~s me! Da bin ich überfragt! Keine Ahnung!

brat, a verzogenes Balg

enough: That's ~ outta you! Still jetzt, kein Wort mehr von dir!

Excuse me for living! (ironisch) Gnade, tut mir leid, daß es mich gibt.

fussy mäklig, wählerisch

give: to ~ someone lip sich bei jemandem beschweren

Gosh! Mensch!

gross widerlich, kotzig

to go: Is this for here or ~? Für hier oder zum Mitnehmen?

works: with the ~ mit allem Drum und Dran

grumpy mies drauf, schlecht gelaunt

gunk, some schlabbriges Zeug

have a cow, to einen Anfall kriegen

junk food, some minderwertiges Schnellfutter

lip: to give someone ~ sich bei jemandem beschweren

live: Excuse me for ~ing! (ironisch) Gnade, tut mir leid, daß es mich gibt.

Nothing much! Nichts Besonderes!

pork out, to sich den Bauch vollschlagen

Alle Wörter

raid the fridge, to den Kühlschrank plündern

slave, to sich kaputtarbeiten

smart aleck, a Klugscheißer

stuff, some Zeug, Zeugs, Kram

stuff: to ~ one's face sich mit Essen vollstopfen

sure echt, wirklich

tons of tonnenweise

veggies, some Gemüse

whip up, to herbeizaubern, zusammenrühren

Yuck! Kotz!

Yum! Mmmh, lecker!

Yummy! Lecker!

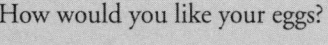

Spickzettel fürs Frühstück: Eggstravaganza

How would you like your eggs?

fried	Spiegelei allgemein
hard-boiled	hartgekocht
over and smashed	Dotter zerstochen und nach unten
over-easy	Dotter nach unten
poached	verloren, pochiert
scrambled	Rührei
soft-boiled	weichgekocht
sunny-side up	Dotter nach oben

Internationale Küche

Internationale Cuisine auf amerikanisch: Ob Sie nun lieber beim Äthiopier oder beim Cantonesen, beim Italiener oder Mexikaner essen, in den Staaten kommen Sie auf jeden Fall auf Ihre Kosten. Daß die USA noch immer ein Einwanderungsland sind, in dem der *ethnic background* (Herkunft) des einzelnen nicht wegintegriert wird, zeigt sich an den vielen *neighborhoods* (Stadtvierteln), die von einer Einwanderergruppe und deren Nachkommen dominiert werden. Liebevoll *Little Italy* oder *Little Cuba* genannt, eröffnen diese Viertel einen Blick in andere Kulturkreise – und in reichlich exotische Kochtöpfe. Doch auch über Chinatown weht die US-Flagge, der *Star-Spangled Banner*, und alle denken und fühlen sich ganz amerikanisch. Ein oft überzogenes Nationalbewußtsein («the greatest country on earth») hält halbwegs stabil zusammen.

1. Was paßt, a, b oder c?

1. I'm so hungry I could eat a/an … .
   a horse
   b bear
   c elephant

2. I'm on a diet, so please … the butter.
   a keep
   b hold
   c take out

3. I'm still hungry. The portions were really … .
   a large
   b medium
   c skimpy

4. This tastes terrible! … !
   a Yummy
   b Yum
   c Yuck

5. I'm really hungry. I'm gonna … out!
   a chicken
   b pig
   c horse

6. I can't eat all of this. I'll take the rest home in a … bag.
   a dog
   b doggie
   c puppy

7. He's had too much booze. Now he's … .
   a stuffed
   b plastered
   c uptight

8. Put it in the … and nuke it for five minutes.
   a fridge
   b freezer
   c microwave

2. Haben Sie aufgepaßt?

1. «Sloppy Joe» ist
- **a** ein verkaterter Typ.
- **b** ein Gericht aus Hackfleisch und Ketchup.
- **c** eine Tunke (dip) für Kartoffelchips.

2. Wer «donuts» verlangt, bekommt
- **a** einen Teller mit Nüssen.
- **b** einen in Öl gebackenen Teigball.
- **c** eine Tasse Kaffee nachgeschenkt.

3. «Apple pie à la mode» ist ein Apfelkuchen mit
- **a** Eiskrem.
- **b** Glasur.
- **c** Apfelbrei.

4. Wer ein ganz normales Spiegelei möchte, bestellt
- **a** «one egg, sunny-side up».
- **b** «one egg, poached».
- **c** «one egg, over-easy».

5. Als «bottomless cup» bezeichnet man
- **a** eine Tasse, die am Boden ein Loch hat.
- **b** eine Tasse, die stets kostenlos aufgefüllt wird.
- **c** eine Tasse, die auf den Boden gefallen ist.

3. Rätsel

1. Essen, bis Ihnen der Bauch platzt, heißt ...
2. Ein Bällchen Eiskrem ist ein ...
3. Bei uns Cola light, in den USA ...
4. Wer in der Mikrowelle sein Essen aufwärmt, der ...
5. Unterbricht jede Fernsehsendung, kommt immer dann, wenn's gerade spannend wird ...

4. Wie sagen Sie's im American Slang? Übersetzen Sie.

1. Ein Hamburger mit allem.
2. Eine Tasse entkoffeinierter Kaffee.
3. Ich möchte Rühreier.
4. Eine Portion Pommes.
5. Die Rechnung, bitte.
6. Ein Whiskey mit Eiswürfeln.
7. Ich muß pinkeln.
8. Laß uns essen gehen.
9. Ich kann keine Pizza mehr sehen, hab das Zeug satt.

Amüsieren sich die Amis wirklich zu Tode? «Have fun!», viel Spaß, sagt man zum Abschied mindestens so oft wie «See you!» Gleichermaßen beliebt ist ein ebenso knappes wie grammatisch fragwürdiges «Enjoy!», das korrekterweise durch ein Objekt ergänzt werden sollte – und oft auch wird: «Enjoy yourself!».

Zu genießen gibt es allerhand. Die Unterhaltungsindustric ist nirgendwo profithungriger als in den USA. Neben *Disneyland* (Kalifornien) und *Disneyworld* (Florida) wehen überall die «Six Flags over America», so der Name einer Kette von Vergnügungsparks, des McDonald's unter den *theme parks.* Die donnernden *rollercoaster,* die Achterbahnen, sind des Amerikaners liebster Andrenalinanreger.

Das verbreitetste Sonntagsvergnügen ist allerdings der Gang zur Kirche. Tausende von «Kirchen», die bei uns nicht mal als Sekte durchgehen würden, buhlen um die Gunst der Gläubigen. Zwei Leute, eine Kirche. Die überwiegend protestantische Bevölkerung zahlt zwar keine staatlich verordnete Kirchensteuer, davor schützt die strikte Trennung von Staat und Kirche, doch ist man bei Kollekten und Spendenaufrufen nicht kleinlich, so daß der *minister, priest* oder *pastor* ein komfortables Leben

Freizeit und Unterhaltung

Having Fun

führen kann. Ein Kirchenbesuch in den USA sollte bei einer US-Reise keinesfalls fehlen. Wer Glück hat, landet gar in einer schwarzen *gospel church* und darf sich über einen stimmgewaltigen Kirchenchor freuen.

Going to the ball game. Sport steht hoch im Kurs, vor allem wenn er vom Fernsehsessel oder der Tribüne aus genossen werden kann. Baseball-, Football- und Basketballspiele bieten eine perfekte Inszenierung, die Show stimmt: Aufheizer sorgen vorab für Stimmung, die Spieler laufen einzeln und unter dem Gejohle von Stadionsprecher und Publikum ein, der Patriotismus wird durch die Nationalhymne gekitzelt. Aufstehen ist erste Bürgerpflicht, Hand aufs Herz, *Star-Spangled Banner* bitte mitsingen. In der Halbzeit steht dann eine *half-time show* auf dem Programm, die, je nach Bedeutung des Spiels, mit mehr oder weniger bekannten Showgrößen besetzt ist. Geht's gar um die *World Series*, die amerikanische Baseball-«Welt»meisterschaft, ist sich auch Michael Jackson für die *half-time break* nicht zu schade.

Eine amerikanische Spezialität sind die *tailgate parties* vor Baseball- und Football-Spielen. *Tailgate* heißt die abkippbare Heckklappe an den beliebten *pickup trucks*. Ein paar Stunden vor Spielbeginn sucht man sich ein lauschiges Plätzchen auf dem Stadion-Parkplatz, lädt ab, was man auf der Pritsche in mächtigen Kühlcontainern angeschleppt hat, und widmet sich dem körperlichen Wohlbefinden. Klappstühle werden aufgestellt, der Kugelgrill (*Weber grill*, nach dem Marktführer) angefacht, das *barbecue* beginnt. Barbecue, oft auch kurz B-B-Q, ist ohnehin eine der Lieblingsbeschäftigungen Amerikas: Im Sommer wird vom Hühnchen übers Riesensteak bis hin zum *marshmallow* alles und überall gegrillt. Dann ziehen dichte Holzkohleschwaden durch die Vorstädte *(suburbs)*. Das gegarte Grillgut wird fachmännisch mit Barbecue-Soßen überschwemmt und mit Dosenbier runtergespült. Während man in Kneipen durchaus Faßbier *(tappers)* kriegen kann, regiert zu Hause souverän der *six-pack*, ein Gebinde aus sechs Dosen, von Plastik zusammengehalten.

Auch bei laufendem Fernseher kann man prima essen, die Amerikaner beweisen das tagtäglich. Insofern ist der Statistikeraussage, ein Durchschnittsamerikaner verbringe acht bis elf Jahre seines Lebens vor der Glotze, nur unter Vorbehalten zuzustimmen: Oft dudelt der TV nur im Hintergrund, und man widmet sich anderen, wichtigeren Dingen. Die großen, landesweit operierenden *networks* (ABC, CBS, Fox und NBC) vertreiben ihre Programme über angeschlossene örtliche Sender *(affiliated stations)*, die das ganze Land wie ein Netz überziehen. Deswegen auch der Name «Netzwerk». Die *local stations* produzieren überwiegend Regionalnachrichten für das entsprechende Sendegebiet, übernehmen ansonsten aber ihr Programm von der Zentrale. Finanziert wird alles privat, *commercials* (Werbespots) unterbrechen alle naselang das Programm. Das einzige *network*, das auf Werbeeinblendungen verzichtet, ist PBS, das *Public Television*. Doch auch PBS wird gesponsert: «This program was made possible by a grant from General Motors.» Im Radio ist das *National Public Radio* die einzige nichtkommerzielle Alternative.

P.C.

Für die einen Schutz vor Diskriminierung, für die anderen Sprachzensur: *political correctness*, kurz *P.C.*, verlangt nach «neutralen, nichtdiskriminierenden, nichtsexistischen» Begriffen beim Umgang mit allen Bevölkerungsgruppen. Sprach man vor nicht allzu langer Zeit noch von *blacks*, so lautet nun der politisch korrekte Sprachgebrauch *African Americans*.

At the swimming pool

Where are my shades? Wo ist meine Sonnenbrille?

We must be outta our minds. Wir müssen bekloppt sein.

You're kidding. Du machst wohl Witze.

I'm freezing my ass off. ⟨!⟩ Ich frier' mir den Arsch ab.

I'm sweating like a pig. Ich schwitze wie ein Schwein.

You're such a wimp. Du bist so ein Waschlappen.

a coupla cold ones ein paar Bier

You're a partypooper. Du bist ein Spielverderber.

Awesome tits! ⟨!!⟩ Wahnsinnsmöpse!

At a party

Get a load of that. Schau dir das mal an.

a blimp/a fatso ⟨!⟩ ein Fettsack

What a dog! ⟨!⟩ Was ein häßliches Weib!

Let's mingle! Mischen wir uns unters Volk und machen Small talk!

Get my drift? Verstehst du, worauf ich raus will?

I'd rather play with myself than screw her. ⟨!!⟩ Ich besorg's mir lieber selbst, als daß ich die vögele.

You're cruisin' for a bruisin', buddy. Du bewegst dich schnurgerade auf eine Abreibung zu, Junge.

Schwarz, weiß, rot

Weiße werden übrigens in amtlichen Formularen als *Caucasian* bezeichnet, Schwarze als *African Americans* und Indianer als *Native Americans*. Weitere Kategorien: *Hispanic Americans* und *Asian Americans*. Mischlinge können wählen, welcher ethnischen Gruppe sie zugehören wollen.

Slang

At the swimming pool
Two friends, Jim and Ken, are lying in the sun at the public pool. Jim wants to leave, but Ken is having a lot of fun.

Jim: **Hey**, where are my **shades**?

Ken: Dunno. What a **scorcher**! Hey! Let's **go for a dip**!

Jim: **Get real!** We must **be outta our minds**. It's **freezin'**!

Ken: You're **kidding**. It's a **bitchin'** day, perfect for **catchin' some rays**.

Jim: I'm **freezin' my ass off** and I'll probably **come down with somethin'**.

Ken: Oh, come on, **knock it off**. The **mercury** must be around 80. I'm **sweatin' like a pig**. Probably **get burnt to a crisp**. You're such a **wimp**. You **whine** more than **my old lady**. What a **cupcake**!

Jim: **Aw, shut up! I'm outta here!**

Ken: **Hey, hang on, dude! Chill out! Get back here. Hey,** on the way home I'll buy ya **a coupla cold ones. My treat!**

Jim: **You're on!** A **brewski** would really **hit the spot. Get your butt in gear** and let's **get goin'**. And remember **you're buyin'**.

Ken: **Hey, hold on a minute**. Not so fast. Let's **stick around** a little longer, you **partypooper**. This is a great place to **hang out,** lotsa great **bods**. Oh, **check** her out. **Man!** She's **cute** and she's **got awesome tits**! Besides I haven't done my first **cannonball** of the season yet. **Get a load of this!** – **Cowabunga!**

Jim: **Whoopee!** What a **blast. C'mon**, let's **call it quits**. If you wanna **pick up chicks**, we can **hit** the new **hot spot** on the **main drag**. Plenty of **babes** to **hit on** there. Let's **blow this joint**. I'm cold!

Jim: **Ken**, where are my **sunglasses**?

Ken: I don't know. What a **hot day**! Let's **go swimming**!

Jim: **Be serious**! We must **be crazy**. It's **very cold**!

Ken: You're **joking**. It's a **terrific** day, perfect for **sunbathing**.

Jim: I'm **very cold** and I'll probably **become ill**.

Ken: Oh, **stop it**. The **temperature** must be around 80. I'm **perspiring a lot**. I'll probably **get a bad sunburn**. You're such a **weakling**. You **complain** more than my **mother**. What a **weakling**!

Jim: **Be quiet**! **I'm leaving**!

Ken: **Stop, wait, friend! Calm down! Come back** here. **Listen**, on the way home I'll buy you **a few beers**. **I'll pay**!

Jim: **I accept!** A **beer** would really **satisfy me**. **Get ready to leave** and let's **go**. And remember you're **paying**.

Ken: **Stop, wait a minute**. Not so fast. Let's **stay** a little longer, you **person who spoils the fun**. This is a great place to **be**, lots of great **bodies**. **Oh, look at her. (Pleasure!)** She's **good-looking** and she has **wonderful breasts**! Besides I haven't done my first **big jump into the pool** of the season yet. **Look at this**! – **(Excitement!)**

Jim: **(Annoyance!)** What an **exciting event**. **Hurry**, let's **stop doing this**. If you want to **meet women** we can **go to** the new **popular bar** on the **busiest street in town**. Plenty of **good-looking people** you can **make sexual advances to** there. Let's **leave this place**. I'm cold!

(7) Slang

At a party
Sam approaches a guest at a party and tries to make a new friend.

Sam: **Yo!** Great party, **huh**?

Man: **Yeah**, it's really **hoppin'**.

Sam: The band's really **jammin'**. The music's **cool**, the punch is **spiked**, and the babes are **hot**. **Scopin' the crowd**?

Man: **Huh?**

Sam: **Get a load of that blimp** over at the buffet.

Man: What?

Sam: The **fatso** over there in the **fuddy-duddy getup**. The one **hooverin' in** the potato chips. **What a dog, woof!** As soon as she got here, she **made a beeline for** the **grub**. Didn't even **mingle**. Boy, I'd hate to be the **loser** who's takin' her home tonight. You'd have to put a bag over her head before you **banged her**, if ya **get my drift**.

Man: You really think so?

Sam: **Yeah**, I'd rather **play with myself** than **screw her**. Don't care how good her **pussy** is.

Man: **You're cruisin' for a bruisin', buddy**. For your information, that's my girlfriend.

Sam: Your, oh, uh, ha, he, your girlfriend? I was just **pullin' your leg**. Don't get **all riled up**. Can't ya take a joke?

Sam: **Hi!** Great party, **isn't it**?

Man: **Yes**, it's really **exciting**.

Sam: The band's really **playing well**. The music's **good,** the punch **has alcohol in it**, and the **good-looking women** are **sexy**. **Looking for a female companion**?

Man: **Excuse me**?

Sam: **Look at that fat woman** over at the buffet.

Man: What?

Sam: The **fat person** over there in the **old-fashioned clothes**. The one **quickly eating** the potato chips **really**. **She's ugly, really ugly!** As soon as she got here, she **went directly to** the **food**. Didn't even **make polite conversation with any guests**. I'd hate to be the **unlucky man** who's taking her home tonight. You'd have to put a bag over her head before you **had sex with** her, if you **know what I mean**.

Man: You really think so?

Sam: **Yes**, I'd rather **masturbate** than **have sex with** her. I don't care how good her **genitals** are.

Man: **It sounds like you want to fight, friend**. For your information, that's my girlfriend.

Sam: Your, oh, uh, ha, he, girlfriend? I was only **making a joke**. Don't get **angry**. **Don't you have a sense of humor?**

1. Friend or foe? Freund oder Feind?

Wenn Sie diesen Ausdruck hören, meint man's gut mit Ihnen (friend) oder gibt's Ärger (foe)?

	friend	foe
1. Shut up!	▨	▨
2. You are awesome.	▨	▨
3. Let's have lunch and I'm buying.	▨	▨
4. You're a partypooper.	▨	▨
5. This is a blast. I'm really having fun.	▨	▨
6. You're a babe.	▨	▨
7. You're a cupcake.	▨	▨
8. Your body is awesome.	▨	▨

2. What's the slang expression? Match the columns.

1. Gehste mit baden?	**a** It's a real scorcher today.
2. Wo ist denn hier was los?	**b** Get a load of this.
3. Was eine Affenhitze!	**c** Where are my shades?
4. Ich lade dich/euch ein.	**d** I'm sweating like a pig.
5. Jetzt hör endlich mal auf.	**e** I'm freezing my ass off.
6. Ich mach' nur Spaß.	**f** Where are the hot spots in town?
7. Wo ist meine Sonnenbrille?	**g** I'm buying!
8. Guck dir das mal an!	**h** I'm only kidding.
9. Möchtest du ein Bier?	**i** Wanna go for a dip?
10. Ich schwitze wie verrückt.	**j** Wanna brewski?
11. Saukalt heute.	**k** Knock it off!
12. Geht klar, gebongt!	**l** You're on!
13. Laß uns hier bleiben.	**m** Let's stick around.

3. Charles' Monolog braucht noch ein paar passende Slang-Ausdrücke.

a chicks **b** rays **c** bod **d** dip **e** hanging **f** quits

Women love Charles

Charles: Girls always say I'm such a hunk. I'm really strong and I have a great **(1)** … , lots of muscles. I never have problems picking up **(2)** … . I like **(3)** … out at the beach, so I can catch some **(4)** … . I look really good in a bathing suit. Right now I'm really interested in a girl who just called it **(5)** … with her boyfriend. Maybe I'll ask her to go to the beach with me and take a **(6)** … . I'd like to see her in a bathing suit.

4. Suchen Sie Standard English für die fettgedruckte Slang-Wendung.

1. His girlfriend is a **fatso** and she's really ugly too.
   - a cow
   - b fat woman
   - c ugly person

2. The orange juice **is spiked**. I think he's trying to get you drunk.
   - a tastes good
   - b has alcohol in it
   - c is really cold

3. I'm sorry I broke your glasses. Don't get **all riled up**!
   - a angry
   - b sad
   - c happy

4. Your brother is really **cool**. I like hanging out with him.
   - a cold
   - b unfriendly
   - c nice

5. Don't wear that shirt. It's so **fuddy-duddy**.
   - a attractive
   - b unattractive
   - c expensive

6. She's really **hoovering in those fries**.
   - a She's eating those fries really fast.
   - b She doesn't like fries.
   - c She's cleaning up some fries.

7. This party is really **hopping**. I'm glad I came.
   - a exciting
   - b boring
   - c crowded

8. I never want to see your face again. **Do you get my drift?**
   - a Can you hear me?
   - b Do you want to go swimming?
   - c Do you understand me?

5. Wie sagt man im Slang? Nummer 1 und 4 haben zwei Antwortmöglichkeiten.

1. have sex with someone	**a** getup
2. make a joke	**b** screw someone
3. eat something quickly	**c** blimp
4. fat person	**d** fatso
5. sexy	**e** dog
6. masturbate	**f** bang someone
7. clothes	**g** babe
8. good-looking person	**h** play with oneself
9. ugly woman	**i** hoover
10. food	**j** pull someone's leg
11. look for a friend	**k** grub
	l scope the crowd
	m hot

6. Lückenhaft: Bitte mit Slang auffüllen.

a riled **b** screwed **c** woof **d** Hey **e** mingle **f** spiked
g hopping **h** scope **i** grub **j** blimp **k** loser **l** way

Liz is having a party. Deb, one of her guests, has just arrived.

Liz: **(1)** … Deb. I'm glad you could come to my party. It's really **(2)** … .
The band is really jamming.

Deb: Thanks for inviting me, Liz. Is the punch **(3)** … ? I brought some
whiskey.

Liz: Thanks a lot. I hope you're hungry. We've got lots of **(4)** … . I invited some awesome babes, so **(5)** … and maybe you'll meet somebody.

Deb: Sounds good. I'll just **(6)** … the crowd and - Oh no!

Liz: What's wrong?

Deb: See that **(7)** … over there hoovering in the pretzels. She's so fat.

Liz: What a dog, **(8)** … ! Who is she?

Deb: She stole my boyfriend. She **(9)** … him in my own bed.

Liz: Your ex-boyfriend banged her?!? Don't get all **(10)** … up. Be
happy you got rid of him, the **(11)** … .

What didja say? Common contractions used by Americans

Hören Sie die Sätze, und schleifen Sie beim Nachsprechen die *ing*-Endung ab. Zur Kontrolle hören Sie dann noch einmal den Sprecher.

Standard English: I'm **going** to the beach.
Slang: I'm **goin'** to the beach.

1. I'm buying.
2. We're having a blast.
3. Are you calling it quits?
4. It's freezing.
5. I'm freezing my ass off.
6. Let's get going!

7. She's just pulling your leg.
8. The band's really jamming.
9. This joint is really hopping.
10. You're cruising for a bruising.
11. They're always whining.

We're Krauts

Ein unschönes Thema, dennoch wichtig: Minderheiten und ethnische Gruppen werden immer wieder mit Schimpfworten bedacht, die dem deutschen «Kanake» in nichts nachstehen. Wer einen *African American* als *nigger* bezeichnet, verdient die Abreibung (oder schlimmer), die ihm dann ins Haus steht. Aber: Junge Schwarze finden es mittlerweile schick, sich gegenseitig als *nigger* anzu-*rap*-pen. Das stärkt das Zusammengehörigkeitsgefühl, grenzt die Weißen aus.

Canuck ⟨!!⟩	Kanadier
Chink ⟨!!⟩	Chinese
drag queen ⟨!!⟩	Transvestit
dyke ⟨!!⟩	maskulin wirkende Lesbe
faggot, fairy ⟨!!⟩	Schwuler
honkies ⟨!!⟩	die Weißen, wird aber nur von Schwarzen benutzt
JAP ⟨!!⟩	Jewish American Princess; verwöhntes, reiches Mädchen; ein Beispiel für sprachlichen Antisemitismus
Jap, Nip ⟨!!⟩	Japaner
Kraut ⟨!!⟩	Deutscher
nigger ⟨!!⟩	Schwarzer
Russki, Ivan ⟨!!⟩	Russe
Spic ⟨!!⟩	Mensch spanischer Abstammung
WASP ⟨!⟩	*white Anglo-Saxon Protestant*, weißer Oberschichtler von der Ostküste
Wop ⟨!!⟩	Italiener
Yankee ⟨!⟩	Nordstaatler, weißer Ami

Clean screen

Soap operas oder *soaps* beschäftigen auch in der fernsehfreien Zeit die Gemüter so mancher Hausfrau, die sich dann in Magazinen wie «Soap Opera Digest» über verpaßte Folgen informieren kann. Und auch mit den Nachbarn läßt sich's prima, vorzugsweise am Telefon, über die neuesten Irrungen und Wirrungen der Serienhelden plauschen.

Ungeachtet zahlloser Seitensprünge in den Serien bleibt der Bildschirm sauber – *four-letter words* wie *shit, fuck* und *damn* werden entweder weggepiept oder auf Lautstärke 0 gestellt: Wenn Ihr Fernseher plötzlich keinen Ton mehr liefert, ist das nicht der Fluch der Technik, sondern das Fluchen von Michael Douglas. In Fernsehheftchen wie «TV Guide» findet sich übrigens immer ein Hinweis auf unmoralische Szenen in einer Fernsehsendung. Häufigste Warnworte: *nudity, language* und *violence* – Nacktheit, Sprache und Gewalt.

Nackte Lenden fallen ebenso wie derbe Schimpfworte der Zensur zum Opfer. Die TV-Versionen von Spielfilmen sind zum Teil nicht wiederzuerkennen, so drastisch wurde gesäubert. Einzig im *Pay TV*, für das monatliche Gebühren erhoben werden, sind gelegentlich Softpornos und zotige Komiker zu sehen. Die wohl bekanntesten Zahlsender sind der *Playboy Channel*, *HBO* und *Showtime*.

Jedes neue Hollywoodprodukt unterwirft sich einer freiwilligen Selbstkontrolle, was sich in einem *movie rating* niederschlägt: Ist ein Film *rated R*, müssen Sie mindestens siebzehn sein – oder Ihre Eltern mitbringen. XXX (sprich: triple X) ist Erotisches und deshalb ausschließlich für Erwachsene *(adults only)*. *PG-13* bezeichnet Filme, die ab dreizehn freigegeben sind, freilich nur dann, wenn die Eltern mitgehen: *PG* steht für *parental guidance*. Kinobesuche in Großstädten können zum teuren Spaß werden. Wer sparen möchte, sollte eine *afternoon matinee* besuchen, die oft nur die Hälfte des abendlichen Eintrittspreises kostet. Im Kino selbst schafft es kein Ami, ohne *soft drink* und *pop corn* (mit Salz und Butter) auch nur eine Minute stillzusitzen. Das Geschmatze kann sensiblere Gemüter ganz schön nerven. Immerhin herrscht strengstes Rauchverbot, wie überhaupt Raucher in den ganzen USA in der Defensive sind. Die *no-smoking sections* werden immer größer, die Raucherecken immer kleiner. Inlandsflüge und alle Kneipen in Los Angeles sind inzwischen qualmfrei, ein Segen für die Nichtraucher, *cold turkey* (Entzugserscheinungen) für die Nikotinkranken.

In a factory

the tube/the boobtube die Glotze

piss poor ⟨!⟩ miserabel, armselig

They better get their shit together. ⟨!⟩ Die sollten sich am Riemen reißen.

That really sucks. ⟨!⟩ Das ist ja echt ätzend.

a weirdo/a nutso ein Bekloppter

They're goofing around. Sie haben rumgemacht, rumgehampelt.

I bet ya came in your shorts. ⟨!!⟩ Ich könnte wetten, daß es dir in der Unterhose gekommen ist.

Shop till you drop! Kauf ein bis zum Umfallen!

She blew the whole wad. Sie hat den letzten Pfennig verjubelt.

In the living room

It drives me up the wall. Das bringt mich auf die Palme.

You'll get the hang of it. Du kriegst den Dreh schon raus.

I must be dense/mental. Ich muß strohdumm sein.

It's a piece of cake. Ist doch kinderleicht.

It's a cinch. Ist doch kinderleicht.

We're couch potatoes. Wir sind fernsehsüchtige Schlaffis.

We bust our butts. Wir arbeiten bis zum Umfallen.

Fat chance! Keine Chance!

The guys there are loaded. Die Jungs dort schwimmen im Geld.

It's a date! Gebongt, abgemacht!

Gotta go!

Telefonate enden oft mit der Ankündigung «I gotta go now». Das heißt nicht etwa, daß Ihr Telefonpartner nun dringend weg müsse, sondern einfach nur: «Ich muß/will jetzt auflegen.»

Four-letter words

Wörtliche Übersetzung in Anführungszeichen

Damn! ⟨!⟩	Verflucht!
Fuck! ⟨!!⟩	Mist! «Fick!»
Piss off! ⟨!!⟩	Verpiß dich!
Rats!	Mist! «Ratten!»
Fuck/Screw you! ⟨!!⟩	Leck mich am Arsch! «Fick dich!»
Shit! ⟨!⟩	Scheiße!

In a factory

Al and Ed are drinking coffee in the breakroom of the factory where they work. They are talking about the things they did on the weekend. Al went shopping with his wife.

Al: Didja watch the football game on **the tube** yesterday?

Ed: Naaw, how did the Cowboys do?

Al: **Piss poor, man**, the Redskins **creamed**'em. They better **get their shit together**: I think they should **dump** their quarterback; he **ain't worth shit**. **Hey, I gave ya a ring** before the game, but no one was home. Where **the hell** were ya?

Ed: My **old lady dragged** me down to the **mall**.

Al: The **mall**?!? **That really sucks.** While **the boys** and me were **chuggin'** BUDWEISER and **scarfin' down** pizza, you were with your **old lady** at the **mall**? **What a drag!**

Ed: **Yeah.** Well, after I got ridda my wife, I **parked myself** on a bench and watched all the **weirdos**. Lotsa **nutsos** spend their weekend at the **mall**.

Al: Know whatcha mean. See anything interesting?

Ed: Well, I was watchin' these two **punks goofing around** on skateboards, when this incredible **babe** walks right in front of me. I mean she was **a real knock-out**. Had on this **skin-tight** dress, so tight I thought her **boobs** were gonna **pop out**. And her skirt was so short her **fanny peeked out** when she walked. **Man alive!** Was she **hot**!

Al: **Lordy, I bet** you **came** in your **shorts**. Did you reach out and **goose her**?

Ed: Are ya **kiddin'**? That's when my wife **showed up**. She really spent money **big time**. **You know, shop till you drop.** Blew the **whole wad**.

Al: Did you watch the football game on **TV** yesterday?

Ed: **No**, how did the Cowboys do?

Al: **Very poorly. (Disgust!)**, the Redskins **beat** them **severely**. They had better **improve their performance**: I think they should **get rid of** their quarterback; he **is worthless**. Al, I **phoned you** before the game, but no one was home. Where **(surprise!)** were you?

Ed: My **wife took** me to the **shopping mall against my will**.

Al: The **shopping mall**?!? **That's terrible**. While **our (male) friends** and I were **drinking** BUDWEISER **quickly** and **eating a lot of** pizza, you were with your **wife** at the **shopping mall**? **How boring!**

Ed: **Yes.** Well, after I got rid of my wife, I **sat down** on a bench and watched all the **unusual people**. Lots of **crazy people** spend their weekend at the **shopping mall**.

Al: I know what you mean. Did you see anything interesting?

Ed: Well, I was watching these two **teenage boys wasting time** on skateboards, when **suddenly** this incredibly **attractive person** walks right in front of me. I mean she was **really good-looking**. She had on this **very tight** dress, so tight I thought her **breasts** were going to **fall out**. And her skirt was so short her **buttocks showed** when she walked. **(Excitement!)** She was **sexy**!

Al: **(Surprise!)**, I **imagine** you **had an orgasm** in your **underwear**. Did you reach out and **pinch her buttocks**?

Ed: Are you **joking**? That's when my wife **arrived**. She spent **a lot of** money. **(Filler), shop until you are exhausted**. She **spent all of our money**.

8 Slang

In the living room

Kay and Jan are sitting on the floor of Kay's living room. Kay is trying to learn how to use her new videorecorder. Jan is helping her.

Kay: **Damn it!** I must be **mental**. I just don't **get it**.

Jan: Don't get so **uptight!** It's **a piece of cake**. **Give it another shot!**

Kay: It **drives me up the wall**. I must be **dense**. **The hell with it**. I give up! I'll never learn how to use this **VCR!**

Jan: **Cut it out!** It's **a cinch**. Once you **get the hang of it**, you can **tape** all kinds of shows, even your **soaps**. You won't have to watch **reruns** anymore.

Kay: **God**, we really are **couch potatoes**. We **bust our butts** all day in a **crummy** office to **bring home the bacon** and then we **veg** in front of the **boobtube** until it's time to **turn in**. We should go out more. **Hey**, let's go to the «Gasworks» on Friday night.

Jan: That **meatmarket**? **Fat chance!** The **guys** who **hang out** in that **dump got only one thing on their minds**. Let's go to «Pierre's». That's the place to **pick up men**. It's a **classy joint**. The **guys** there are **loaded**. Remember that **guy** I met there last time? Really **buff**. **He's a regular**. **I betcha** he'll be there again.

Kay: Okay, **you're on**. **It's a date**.

Kay: **(Anger!)** I must be **stupid!** I just don't **understand**.

Jan: Don't get so **upset!** It's **easy! Try again!**

Kay: **It makes me crazy.** I must be **stupid. (Anger!)** I give up! I'll never learn how to use this **video-recorder.**

Jan: **Stop that.** It's **easy.** Once you **learn how to use it,** you can **record** all kinds of shows, even your **soap operas.** Then you won't have to watch **repeat broadcasts** anymore.

Kay: **(Annoyance!)** We really are **lazy people who only watch TV in their spare time.** We **work very hard** all day in a **miserable** office to **earn money** and then we **do nothing** in front of the **TV** until it's time to **go to bed.** We should go out more. **Listen,** let's go to the «Gasworks» on Friday night.

Jan: That **place where people are only looking for sex partners?** **Impossible!** The **men** who **spend time** in that **terrible place are only interested in sex.** Let's go to «Pierre's». That's the place to **find men.** It's a **sophisticated place.** The **men** there are **rich.** Remember that **man** I met there last time? Really **muscular. He goes there regularly. I** imagine he'll be there again.

Kay: Okay, **I agree. We have made an appointment.**

1. Aus Slang werde Standard English. Ankreuzen genügt.

1. Those kids are **just goofing around.**
   - **a** wasting time
   - **b** doing something important
   - **c** sleeping

2. The boys and I went down to the bar for a couple of beers.
   - **a** The children
   - **b** My friends
   - **c** My boss

3. The Chicago Bulls **creamed** the Phoenix Suns. Michael Jordan was fantastic.
   - **a** played
   - **b** defeated
   - **c** were defeated by

4. I fell down the stairs and landed right on my **fanny.**
   - **a** face
   - **b** stomach
   - **c** buttocks

5. We gave our daughter $100 for her birthday and she **blew the whole wad** the next day.
   - **a** spent all of the money
   - **b** put the money in the bank
   - **c** lost the money

6. Hurry up! **Chug** your beer, so that we can get out of here!
   - **a** Leave
   - **b** Bring
   - **c** Drink

7. If you're bored this weekend, **give me a ring** because I might want to do something.
   - **a** ask me to marry you
   - **b** phone me
   - **c** come over to my house

8. I was so hungry I **scarfed down** my food in about twenty seconds.
   - **a** cooked
   - **b** ate
   - **c** drank

9. I saw you on the **tube** last night. You were on the news.
   - **a** subway
   - **b** street
   - **c** television

10. That sucks!
   - **a** That's great!
   - **b** I don't know!
   - **c** That's terrible!

2. Ordnen Sie Standard- und Slangversion einander zu.

Standard	Slang
1. TV	**a** the tube
2. buttocks	**b** piss poor
3. drink	**c** knock-out
4. terrible	**d** hot
5. crazy person	**e** cream
6. sexy	**f** fanny
7. wife	**g** chug
8. defeat	**h** weirdo
9. pretty woman	**i** old lady

3. Wie geht's richtig weiter? Verbinden Sie.

1. You are very good in bed.	**a** I parked myself on a bench.
2. I spent money big time.	**b** She's a babe.
3. I have to wash some clothes.	**c** I came three times.
4. I was so tired.	**d** I scarfed down two pizzas.
5. I was so hungry.	**e** He's gotta get his shit together.
6. He's got a nice fanny.	**f** It ain't worth shit.
7. Boris always gets creamed.	**g** I blew the whole wad.
8. This is worthless.	**h** I'd like to goose him.
9. Tina is good-looking.	**i** I don't have any clean shorts.

4. Friend or foe? Freund oder Feind?

	friend	foe
1. You're buff.		
2. Your place is classy.		
3. Your place is crummy.		
4. You're a couch potato.		
5. You're dense.		
6. You drive me up the wall.		
7. Your place is a dump.		
8. I want to go out with you.		
9. You're mental.		

---

5. Was gehört wo hin? Bedienen Sie sich.

reruns / veg / meatmarket / soap / cinch / crummy / regular / date / buff

1. It's really easy. You can do it. It's a … .

2. I love «Gute Zeiten, schlechte Zeiten». I watch it every afternoon. It's my favorite … .

3. I'll never stay in this hotel again. It's really … .

4. He plays football and lifts weights. He's really … .

5. I'm so tired. All I'm going to do this weekend is … in front of the TV.

6. We're meeting on Friday at 9? Okay, it's a … .

7. How boring! There's nothing but … on TV tonight. I've already seen them all.

8. I often see her in this bar. She's a … .

9. I don't like to go to that disco. It's such a … . The men only want to get you in bed.

---

6. Ein Kreuzchen für die beste Ergänzung.

1. Okay, you're … ! Tomorrow we'll go to the football game.
  a over
  b in
  c on

2. He really makes me angry. He drives me … the wall!
  a around
  b off
  c up

3. Stop bothering me! Cut it … !
  a out
  b off
  c down

4. We're never going to fix this. The hell … it! Let's throw it away.
  a on
  b with
  c of

5. His job isn't easy. He really has to … his butt.
  a bust
  b break
  c bend

6. I work ten hours a day to bring home the … . You should be grateful.
  a bananas
  b butter
  c bacon

7. Don't give up! Try again. You'll get the … of it!
   a hang
   b hand
   c hard

8. It's easy. It's a piece of … .
   a bread
   b cake
   c pie

9. He's always lying on the couch in front of the TV. He's a couch … .
   a vegetable
   b tomato
   c potato

10. I'm tired. It's time to turn … . Switch off the lights.
   a around
   b on
   c in

What didja say? Common contractions used by Americans

Hören Sie die Sätze, und benutzen Sie beim Nachsprechen die Kontraktion «gotta». Zur Kontrolle hören Sie dann noch einmal den Sprecher.

Standard English: They **have to** head home.
Slang: They **gotta** head home.

Note: Aus **he has to** wird **he's gotta.** Bei **she** and **it** läuft's genauso. Das angehängte s darf auch hier nicht fehlen.

1. I have to bring home the bacon.
2. We have to bust our butts.
3. You have to learn this.
4. You have to see that movie.
5. He has to take a leak.
6. She has to give me some help.
7. It has to stop raining soon.
8. She has to give me another shot.
9. We have to go over that again.
10. I have to get the hang of this.
11. You have to try again.
12. She has to be mental.

At the swimming pool

awesome wahnsinnig

babe, a gutaussehende Person

bitchin' ⟨!⟩ herrlich, wunderbar

blast, a 'ne Wucht

blow a joint, to von einem Ort verschwinden

bod, a Körper

brewski, a Bier

buy: You're ~ing. Du zahlst die Zeche.

call it quits, to Schluß machen, ein Ende finden

cannonball, a Arschbombe vom Sprungbrett

catch some rays, to sonnenbaden

check someone/ something out, to sich jemanden/etwas genau ansehen

chick, a Puppe, Käfer, Biene, Schnecke

cold one, a kühles Bier

come down with something, to an etwas erkranken

Cowabunga! Kampfruf der Teenage Mutant Ninja Turtles, Comic strip- und Cartoon-Helden

cupcake, a süßes Mädchen

cute gutaussehend, süß

dude, a Typ, Macker

freeze one's ass/ butt/buns off, to ⟨!⟩ sich den Arsch abfrieren

freeze: It's ~ing. Es ist saukalt.

get a load of, to guck dir das an

Get back here! Komm sofort wieder hierher!

get burnt to a crisp, to von der Sonne verschmort werden

Get going. Los, auf jetzt.

get one's butt in gear, to sich in Bewegung setzen

Get real! Bleib auf dem Teppich! Komm zurück auf den Boden der Realität!

go for a dip, to schwimmen gehen

Hang on! Immer mit der Ruhe, nur nichts überstürzen! Moment mal!

hang out, to rumhängen

hit (a place), to (einen Ort) aufsuchen

hit on someone, to jemanden anmachen

hit the spot, to gut tun, genau das Richtige sein

hot spot, a heißer Treffpunkt, Szene-Kneipe

joint, a Spelunke, Kneipe

kid, to witzeln, Spaß machen, juxen

knock it off, to aufhören, ein Thema aufgeben

lady: the old ~ Mutter

main drag, the Hauptstraße

Man! Mensch!

mercury, the Temperatur, Thermometer

old lady, the Mutter, Alte

out of one's mind, to be völlig übergeschnappt sein

partypooper, a Spielverderber

pick up someone, to jemanden abschleppen

scorcher, a
extrem heißer
Tag

shades, some
Sonnenbrille

Shut up! ⟨!⟩
Halt die Klappe!

stick around, to
noch ein biß-
chen dableiben

**sweat like a
pig, to** schwit-
zen wie ein
Schwein

tits, two ⟨!!⟩
Titten, Möpse

whine, to
jammern

Whoopee!
Hurra!

wimp, a Wasch-
lappen, Schlapp-
schwanz

You're on!
Abgemacht!

At a party

**all riled up, to
get** aufge-
bracht werden

**bang someone,
to** ⟨!!⟩ jeman-
den vögeln,
durchknallen

blimp, a ⟨!⟩
meist weibli-
cher Fettsack

buddy, a
Kumpel

cool cool

**cruising for a
bruising, to be**
auf eine Abrei-
bung zusteuern

dog, a ⟨!⟩ un-
attraktive Frau

fatso, a ⟨!⟩
meist männli-
cher Fettsack

fuddy-duddy
altmodisch

**get someone's
drift, to** verste-
hen, worauf
einer raus will

getup, a
Ausstaffierung,
Kleidung

**hoover in
(food), to** (Es-
sen) runter-
schlingen (abge-
leitet von der
Staubsauger-
marke «Hoo-
ver»)

hopping gut
abgehen, auf
vollen Touren
laufen

jammin' gute
Musik machend

**joke: Can't you
take a ~ ?** Ver-
stehst du denn
keinen Spaß?

**make a beeline
for …, to** sich
auf … stürzen

mingle, to sich
unters Volk
mischen

**play with one-
self, to** ⟨!!⟩
masturbieren

**pull someone's
leg, to** jeman-
den veräppeln,
hochnehmen

In a factory

bet: I ~ … ich
könnte wetten,
ich wette…

**blow the whole
wad, to** das ge-
samte Geld ver-
jubeln

boobs, two ⟨!⟩
Möpse, Titten

pussy, a ⟨!!⟩
Muschi, Möse

**scope (out) the
crowd, to** die
Leute unter die
Lupe nehmen,
auschecken

screw, to ⟨!!⟩
vögeln

spiked alkohol-
angereichert

Woof! ⟨!⟩
Bellgeräusch,
bezieht sich auf
«dog», eine we-
nig attraktive
Frau

Yo! Hey, hallo!

boys, the die
Jungs, Kumpels

chug, to
wegpumpen,
schlucken

come, to ⟨!!⟩
Orgasmus
kriegen

cream someone, to jemanden abziehen, niedermachen, besiegen

drag someone somewhere, to jemanden irgendwohin mitzerren

drag: What a ~! So was Ödes! Ätzend!

fanny, a Hintern, Po

get one's shit together, to ⟨!⟩ sich zusammenreißen

give someone a ring, to jemanden anrufen

goof around, to rumkaspern

goose someone, to jemanden in den Po kneifen

hot heiß (sexy)

Huh? Was? Häh?

knock-out, a heiße Braut

lady: my old ~ meine Alte, Angetraute

Lordy! Oh Mann!

mall, a Einkaufszentrum

Man alive! Herr im Himmel!

nutso, a Bekloppter

park oneself, to sich hinsetzen, hinpflanzen

peek out, to rausgucken

piss poor ⟨!⟩ armselig, miserabel

pop out, to rausspringen, -fallen

scarf down, to runterschlingen

shop till you drop, to einkaufen bis zum Umfallen

shorts, a pair of Männerslip

show up, to auftauchen

skin-tight hauteng

suck: That really ~s! ⟨!⟩ Das ist echt ätzend, bescheuert, doof, elend!

tube, the Glotze, Fernseher

In the living room

betcha: I ~ (bet you) ... Ich wette mit dir, daß ...

boobtube, the Glotze

bring home the bacon, to Lohn nach Hause bringen

buff muskulös

bust one's butt, to sich anstrengen, sich den Arsch abrennen

cinch, to be a kinderleicht sein

classy nobel, edel

couch potato, a Fernsehsüchtiger, der immer nur vor der Glotze hängt

weirdo, a Verrückter

Where the hell ... Wo zum Teufel ...

crummy schäbig, mies

cut it out, to Klappe, Schluß jetzt

Damn it! ⟨!⟩ Verdammt!

date: It's a ~! Abgemacht, wir sind verabredet!

dense schwer von Begriff, doof

drive someone up the wall, to jemanden zum Wahnsinn treiben

dump, a Schweinestall

Fat chance! (ironisch) Riesen-Chance

get it, to kapieren, verstehen

Alle Wörter

get the hang of, to den Bogen raus haben

give something another shot, to etwas noch einmal versuchen

have only one thing on one's mind, to nur an eine Sache denken können

hell: The ~ with it! ⟨!⟩ Zum Teufel damit!

loaded, to be reich sein

meatmarket, a Abschlepper-Kneipe

mental beknackt, verblödet

piece of cake, to be a kinderleicht

regular, a Stammgast

rerun, a Wiederholung im TV

soap, a Seifenoper, TV-Serie

tape, to mit Videorecorder aufnehmen

turn in, to ins Bett gehen

VCR, a Videorecorder

veg, to vegetieren

Game shows

Wollen Sie all die *game shows*, die Sie im deutschen Fernsehen schon kaum ertragen können, mal im Original sehen? Dann suchen Sie im «TV Guide» die Anfangszeiten für folgende Sendungen heraus:

Deutsche Version	US-Version
Der Preis ist heiß	The Price is Right
Familienduell	Family Feud
Geh aufs Ganze	Let's Make a Deal
Glücksrad	Wheel of Fortune
Riskant	Jeopardy
Wer ist hier der Boss	Who's the boss

Kultsendungen

Einige TV-Serien haben mittlerweile, verklärt von der Erinnerung der damals jugendlichen Zuschauer, einen Kult-Status erreicht. Die *Trekkies*, die Anhänger von *Star Trek*, halten sogar regelmäßige *conventions*, Kongresse, ab. Warme Erinnerungen weckt auch *Gilligan's Island*. Kaum ein Amerikaner, dem zu dieser Sendung nichts einfällt.

1. Was paßt, a, b oder c?

1. Let's go to the beach and … some rays.
    a catch   **b** take   **c** have

2. Where can we pick up … ?
    a chickens   **b** chicks   **c** hens

3. I bet the water is really nice. Let's go for a … .
    a spin   **b** dip   **c** jump

4. He spends all of his time in front of the TV. He's a … potato.
    a chair   **b** sofa   **c** couch

5. Be careful! The punch is … . Don't drink too much or you'll get plastered.
    a steady   **b** spiked   **c** fuddy-duddy

6. I was so thirsty I … two beers.
    a scarfed down **b** chugged **c** goosed

7. We watched the basketball game on her new … .
    a boobs   **b** soap   **c** boobtube

8. The men in that bar have only got one thing on their minds. That's such a … .
    a meatmarket **b** mall **c** scorcher

9. That bar is really popular. It's the new … in town.
    a dump   **b** main drag **c** hot spot

2. Welcher Satz ist richtig?

1.   **a** It's really cold out here. I'm sweating like a pig.
    b It's really cold out here. I'm freezing my ass off.

2.   **a** He really works hard. He always busts his butt.
    b He really works hard. He always goofs around.

3.   **a** This is a very nice restaurant. It's really classy.
    b This is a very nice restaurant. It's really crummy.

4.   **a** She spent all of her money. She blew the whole wad.
    b She didn't spend anything. She blew the whole wad.

5.   **a** He isn't very hungry. He's really hoovering in his spaghetti.
    b He must be very hungry. He's really hoovering in his spaghetti.

3. Haben Sie aufgepaßt?

1. Wenn im Stadion die Nationalhymne erklingt,
 a gähnen Sie gelangweilt und bleiben sitzen.
 b stehen Sie auf, um die Amerikaner nicht vor den Kopf zu stoßen.
 c verlassen Sie das Stadion, denn das Spiel ist zu Ende.

2. «I tailgated» heißt, daß
 a man einen Auffahrunfall hatte.
 b die Heckklappe kaputt war.
 c man am Stadion bei einer großen Fete mitgemacht hat.

3. Wenn Sie die Kirche besuchen, erwartet man
 a keine Spende, denn die Kirchensteuer ist eh schon hoch genug.
 b eine Spende, denn der Geistliche muß ja auch von was leben.
 c eine Spende in der Größenordnung von $100.

4. Der beliebteste Holzkohlegrill in den USA, der Weber-Grill, ist
 a kugelrund.
 b rechteckig.
 c dreieckig.

5. Als «four letter word» werden alle Wörter bezeichnet,
 a die vier Buchstaben haben.
 b die vier Buchstaben haben und obszön sind.
 c die aus einer Abkürzung von maximal vier Buchstaben Länge
   bestehen.

4. Wie sagen Sie's im American Slang? Ordnen Sie zu.

1. ein Bier   **a** my fanny

2. meine Sonnenbrille   **b** a cinch

3. ein Fettsack   **c** dense

4. mein Hintern   **d** a brewski

5. muskulös   **e** my shades

6. beknackt   **f** I'm buying!

7. kinderleicht   **g** You're on!

8. Abgemacht!   **h** a fatso

9. Ich spendiere!   **i** buff

Geld und sonstiges
Money and More

Die beiden schönsten Wörter der englischen Sprache, so die amerikanische Autorin Dorothy Parker, lauten «check enclosed», Scheck beiliegend. Schöner ist es vielleicht noch, wenn die Dollars – in den USA *buck* oder *greenback* genannt – bar übermittelt werden. Das monatliche Gehalt kommt meist noch per *paycheck*, als Gehaltsscheck, doch mittlerweile gewinnt *direct deposit*, die Überweisung, zusehends an Bedeutung.

Bei Preisangaben wird oft locker von *bucks* gesprochen: «That'll be five bucks», das macht fünf Dollar. Das Kleingeld firmiert unter den Bezeichnungen *dime, nickel* und *penny* (10-, 5- und 1-Cent-Münzen). *Five-and-dime stores* (auch: dime stores) sind demnach Billigläden, in denen, zumindest ursprünglich, alles für einen *nickel* beziehungsweise einen *dime* zu haben war. Eine andere typisch amerikanische Ladenvariante ist der *convenience store*: 24 Stunden täglich geöffnet, bieten diese Läden alles, was man eben so braucht – eine Art Tante-Emma-Laden, verbun-

den mit dem Komfort einer permanenten Öffnungszeit. Wem das zu klein ist: Irgendwo findet sich in jeder Stadt ein großer Supermarkt *(grocery store)*, in dem rund um die Uhr die Scanner-Kassen piepsen. Zu einem richtigen Ami-Supermarkt gehört auch der Verpackservice. Nach der Standardfrage «paper or plastic?», Papier- oder Plastiktüte, stopfen die *bag boys* sämtliche Einkäufe in die Einkaufstüten und laden sie in den *shopping cart*. Im klassischen Supermarkt schieben die *bag boys* den Einkaufswagen auch noch quer über den Parkplatz zum Familienmobil und laden die gesamten Einkäufe in den Kofferraum. Trinkgeld wird dafür nicht erwartet und deshalb auch nicht gegeben. *Kmart* (sprich: Kay-Mart) und *Wal-Mart*, die beiden größten US-Warenhausketten, trumpfen mit weiteren Serviceleistungen auf: *Wal-Mart* nimmt jeden Einkauf zurück, auch ohne Quittung. «No questions asked.» Schon beim Betreten eines solchen *discount stores* (immer nur eine Etage, weit draußen vor der Stadt, mit gigantischem Parkplatz) lauert ein Angestellter und fragt, betont freundlich: «Would you like a shopping cart?», und ehe man sich versieht, schiebt man sein Wägelchen durch den Laden. Ist der Einkauf dann erst einmal bezahlt, bedankt sich die Kassiererin artig mit einem: «Thank you for shopping at Kmart.» Einem schlechtgelaunten Verkäufer oder Kassierer werden Sie in den USA wohl nie begegnen.

Hinter dieser Der-Kunde-ist-König-Behandlung steckt allerdings auch ein wenig soziales Elend, denn das Personal wird miserabel bezahlt. Oft werden solche Jobs von Rentnern übernommen, die sich nur so finanziell über Wasser halten können, da die Rente allein nicht ausreicht. Andere grillen Hamburger oder spielen den Nachtwächter, um über die Runden zu kommen. Als *senior citizen* darf man sich allerdings an solchen Dingen wie dem kostenlosen Morgenkaffee bei McDonald's erfreuen.

Banken in den USA räumen keinen Überziehungskredit ein. Das Girokonto *(checking account)* rutscht nie in die roten Zahlen, denn die Bank löst ungedeckte Schecks nicht ein. Ein solcher *rubber check* platzt *(to bounce)* einfach, und die Bank kassiert zusätzlich noch eine satte Strafgebühr. Wer knapp bei Kasse ist («I'm a little tight»), kauft deshalb mit der *credit card* ein, freilich nur so lange, bis der Kreditrahmen ausgeschöpft ist.

In den USA ist jeden Tag ein *sale*, Sonderverkauf mit vielen Angeboten; versprochen werden *bargains* (Schnäppchen) zuhauf. Wem das noch immer nicht genug ist, der sammelt *coupons*. Jede Sonntagsbeilage ist voll mit diesen kleinen Gutscheinen zum Ausschnippeln. Mit einem *coupon* bekommt Hausfrau oder Hausmann *(house husband)* ein Markenprodukt billiger: beim Bezahlen an der Kasse einfach die entsprechenden *coupons* abgeben. Bei manchen ist *coupon clipping*, das Ausschneiden dieser Gutscheine, schon zur Besessenheit geworden. Doch auch wer nicht schnippelt, kann noch sparen, denn in den Supermärkten stehen Sammelkisten für zusätzliche und überflüssige Coupons, so daß auch der Last-minute-Shopper sich noch bedienen kann. Coupons gibt es übrigens nicht nur für Supermärkte, sondern auch für Restaurants, Buchläden und jede Menge anderer Geschäfte.

Beim Einkaufen nicht vergessen, daß aus $ 9.99 an der Kasse schnell $10.79 werden, denn erst dort wird die *sales tax*, die Umsatzsteuer, draufgeschlagen. Die Höhe der *sales tax* ist von Bundesstaat zu Bundesstaat verschieden.

After work

Where ya headed? Wo soll's denn hingehen?

Could ya gimme a lift? Kannst du mich im Auto mitnehmen?

Fill'er up! Volltanken.

What a bummer! Was'n Pech!

Hop in! Steig ein!

I'm broke. Ich bin pleite.

Could ya float me a loan? Kannst du mir was pumpen?

My check bounced. Mein Scheck ist geplatzt.

Bullshit ⟨!⟩ Dummes Geschwätz, dummes Zeug!

Keep your trap shut! ⟨!⟩ Halt die Klappe!

Cash or charge?

Dollarscheine sind grün, deswegen der Börsen-Spitzname *greenback*. Bei $ 100-Scheinen ist Schluß, Scheine über $ 500, $ 1000, $ 5000 und $ 10000 zirkulieren seit 1969 nicht mehr. *Plastic money*, Kreditkarten (auch: *charge card*), und *(personal) checks* sorgen für den Geldverkehr. Beim Zahlen heißt es darum: «Cash or charge?» oder auch «Cash or check?»

After work

It's quitting time at the EZT Corporation. Everyone has finished work and they're leaving their offices. Jim asks his friend Hal where he is going. Hal wants to go to the supermarket.

Jim: Where ya **headed,** Hal?

Hal: **I'm off to** the supermarket. I gotta **pick up** some things for **supper.**

Jim: The supermarket? **Gee,** do you think ya could **give me a lift?** I gotta go to the gas station.

Hal: What's wrong with your car?

Jim: Well, **ya see,** I forgot to **fill'er up** yesterday, so I **ran outta gas** on the way to work this morning. **Damn** thing just **conked out.** I had to push it here, so I was late again. My boss **hit the ceiling.**

Hal: **What a bummer!** Well, don't worry, **no prob.** I'll **drop ya off** on the way to the supermarket.

Jim: **Aw, thanks a bunch.**

Hal: Aw, **it's nothin'. Hop in.**

Jim: **Hang a left** here. It's a short-cut.

Hal: How will you get back to your car?

Jim: **Oh, guess** I'll **leg it** or something. Maybe I'll **hitch a ride.**

Hal: Why don't ya just **tag along** and come to the market? I'll **swing by** the office on the way back and **drop ya off.**

Jim: **I'd like to,** but **I'm broke.** Only **got** a few **bucks on me,** enough to **pick up a coupla** gallons of gas. And you can't **pay with plastic money** at the supermarket. Unless, **um,** well, maybe you could **float** me **a loan? You know,** somethin' to **tide me over** till **payday.**

Hal: **Christ!** You already owe me **a bundle.** Why don't ya **write a check?**

Jim: I tried to **cash a check** at the supermarket two days ago and it **bounced. C'mon.** You got **oodles** and ya only spend money on **eats** and some new **threads every once in a while.** You need a woman to help ya spend your **moolah.** Maybe I should **fix ya up** with that **babe** at the **express lane.**

Hal: **Huh?** What are ya talkin' about?

Jim: Where are you **going,** Hal?

Hal: **I'm going** to the supermarket. I have to **buy** some things for **dinner.**

Jim: The supermarket? **Well**, do you think you could **take me along in your car**? I have to go to the gas station.

Hal: What's wrong with your car?

Jim: Well, **(filler)**, I forgot to **put gasoline in the tank** yesterday, so **the gasoline in my car was all used up** on the way to work this morning. The **(anger!)** thing just **stopped working.** I had to push it here, so I was late again. My boss **really got angry.**

Hal: **That's too bad**! Well, don't worry, **no problem**. I'll **let you out of the car at the gas station** on the way to the supermarket.

Jim: **Aw, thank you very much**.

Hal: Aw, **don't mention it. Get in**.

Jim: **Turn left** here. It's a shortcut.

Hal: How will you get back to your car?

Jim: **I suppose** I'll **walk or something like that**. Maybe I'll **try to get a driver to take me along**.

Hal: Why don't you just **come along with me** and come to the market? I'll **drive to** the office on the way back and **let you out**.

Jim: **I'd like to**, but **I have no money**. I only have a few **dollars with me**, enough to **buy a few** gallons of gas. And you can't pay with a **credit card** at the supermarket. Unless, **(filler)**, well, maybe you could **lend me some money? (Filler)**, something so **I'll have enough to survive** until **the day we get our salary**.

Hal: **(Annoyance!)** You already owe me **a lot of money**. Why don't you **pay with a check**?

Jim: I tried to **get cash in exchange for a check** at the supermarket two days ago and **there wasn't enough money in my bank account. Please**. You have **a lot** and you only spend money on **food** and some new **clothes occasionally**. You need a woman to help you spend your **money**. Maybe I should **arrange a date for you** with that **good-looking woman** at the **cash register where people with only a few items pay**.

Hal: **Excuse me**? What are you talking about?

Jim: The **checker** at the **express lane**. You haven't noticed her? She's **a real looker**. **The elevator doesn't go all the way to the top,** but she's got a **bod that won't quit**! That's your problem, always **got your nose buried in the mags** by the **candy bars**. Nobody **gives a shit** about aliens with two heads when ya could be squeezin' her two **melons**.

Hal: **God**, you've **got a one-track mind**. Women aren't **playthings** – you gotta treat 'em with respect.

Jim: **Blah-blah-blah. Bullshit!** You don't really believe in that equality **crap**, do ya?

Hal: Oh, **just drop it. It's like talkin' to a wall.** I'll lend ya twenty **bucks** if you'll just **keep your trap shut. Give it a rest**.

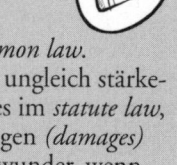

Legal eagles: Rechtsanwälte

Das amerikanische Rechtssystem basiert auf dem *common law*. Präzedenzfällen kommt in einem solchen System eine ungleich stärkere Bedeutung zu als den Paragraphen des Gesetzbuches im *statute law*, wie es beispielsweise bei uns gilt. Schadenersatzzahlungen *(damages)* erreichen schnell Millionenhöhe. Wen nimmt es also wunder, wenn Anwälte in Werbespots dazu aufrufen, mal wieder vor Gericht zu ziehen, zumal sie im Erfolgsfall mit saftigen Prozenten rechnen können.

Jim: The **person who works** at **the cash register where people with only a few items pay**. You mean you haven't noticed her? She's **really good-looking. She isn't very intelligent**, but she's got a **terrific body**! That's your problem, always **attentively reading the magazines** by the **chocolate bars**. Nobody **cares about** aliens with two heads when you could be squeezing her two **breasts**.

Hal: **(Disgust!)**, you **are only interested in one thing: sex**. Women aren't **toys** – you have to treat them with respect.

Jim: **Nonsense! Rubbish!** You don't really believe in that equality **nonsense**, do you?

Hal: Oh, **stop talking about it! You aren't listening to me**. I'll lend you twenty **dollars** if you'll just **be quiet. Stop talking about it**.

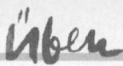

---

1. Rich or poor? Bedeuten die Slang-Ausdrücke, daß jemand Geld hat (yes) oder arm wie eine Kirchenmaus ist (no)?

Does she or he have lots of money?	Yes	No
1. He has over 90 grand.		
2. He's worth a fortune.		
3. He doesn't have a cent on him.		
4. He doesn't have any dough.		
5. He's rolling in dough.		
6. He has money big time.		
7. He's loaded.		
8. She's broke.		
9. She doesn't have enough to tide her over until payday.		
10. Her checks always bounce.		
11. She's got oodles.		
12. She has a million bucks.		
13. She has a bundle.		
14. She doesn't have any moolah.		

---

2. Was bedeutet der Slang-Ausdruck?

1. His sister is good-looking, but **the elevator doesn't go all the way to the top.**
    a She is afraid of elevators.
    b She is intelligent.
    c She is dumb.

2. When I told him our daughter was going to have a baby, he **hit the ceiling.**
    a got angry
    b was very happy
    c got very nervous

3. My car doesn't work, so I'll have to **hitch a ride.**
    a take the bus
    b ask a stranger for a ride
    c walk

4. I'm hungry. Do you have any **eats** in your fridge?
    a food
    b beer
    c drinks

5. I don't want anyone to know you are here, so **keep your trap shut!**
    a Don't open the window!
    b Don't unlock the door!
    c Don't say anything!

6. What are you going to make for **supper**?
    a breakfast
    b lunch
    c dinner

7. I always pay with **plastic**.
    a a credit card
    b a check
    c cash

8. Can you believe it? My TV **conked out** right before the football game started.
    a stopped working
    b exploded
    c started working again

9. Your sister is **a real looker**. When can I meet her?
    a very nice
    b very intelligent
    c very pretty

3. Was paßt?

1. I'm going to drive right by the school, so I'll drop you … on my way to work.
    a out
    b off
    c around

2. You look terrible. You should buy some new … .
    a mags
    b eats
    c threads

3. I eat too many candy … . I'm going to get fat.
    a bags
    b boxes
    c bars

4. Go straight ahead and then … a left at the post office.
    a hang
    b drive
    c go

5. He is really good-looking. He has a body that won't … .
    a stop
    b quit
    c change

6. You always talk about sex. You've got a …-track mind.
    a one
    b two
    c three

7. You aren't listening to me. It's like talking to a ... .
    a door
    b floor
    c wall

8. I hate my little brother. He always tags ... wherever I go.
    a behind
    b along
    c with

9. I'm driving to his house later. I'll give you a ....
    a left
    b loft
    c lift

10. I need some money. Please ... me a loan.
    a float
    b swim
    c sail

What didja say? Common contractions used by Americans

Hören Sie die Sätze, und benutzen Sie beim Nachsprechen die Kontraktion «whatcha». Zur Kontrolle hören Sie dann noch einmal den Sprecher.

Standard English:	**What are you** doing?
Slang:	**Whatcha** doing?
Standard English:	**What** do you do?
Slang:	**Whatcha** do?

1. What are you eating?

2. What do you want?

3. What are you watching?

4. What are you listening to?

5. What do you need?

6. What are you looking for?

7. What are you drinking?

8. What do you want for breakfast?

9. What do you want to drink?

Weiterführende Bücher

Wer ohnehin in den Staaten ist und mehr zum Thema Slang erfahren möchte, sollte sich die folgenden Bücher anschauen und eventuell – gegen harte Dollars plus *sales tax* – kaufen:

Boatner, Maxine Tull; J. E. Gates; A. Makkai: *A Dictionary of American Idioms.* Woodbury, N.Y.: Barron's Educational Series, Inc., 1984 (3. Auflage).

Burke, David: *Street Talk 1.* Los Angeles, San Francisco: Optima Books, 1991.

Burke, David: *Street Talk 2.* Los Angeles, San Francisco: Optima Books, 1992.

Claire, Elizabeth: *A Foreign Student's Guide to Dangerous English.* Rochelle Park, N.J.: Eardley Publications 1980 (2. Auflage).

Zum Auffrischen der Grundkenntnisse bei gleichzeitiger Beachtung der Unterschiede zwischen amerikanischem und britischem Englisch empfehlen wir – auch hier objektiver Sachwalter der Interessen unserer Leser – die folgenden zwei Bände. Vor allem der zweite Band bietet im Anhang allerhand Hilfreiches wie einen Grammatik-Überblick, eine Liste der wichtigsten Unterschiede zwischen amerikanischem und britischem Englisch sowie einen Grundwortschatz.

Kreisel, Uwe; Pamela Ann Tabbert: *English One.* Ein Grundkurs. Reinbek bei Hamburg, Rowohlt Taschenbuch Verlag, 1992.

Kreisel, Uwe; Pamela Ann Tabbert: *English Two.* Ein Aufbaukurs. Reinbek bei Hamburg, Rowohlt Taschenbuch Verlag, 1992.

Zu beiden Bänden sind vorzügliche Audio-Cassetten mit Hörverstehensübungen erschienen. Außerdem gibt es zusätzliche Übungen sowie das gesamte Vokabular aus *English One and Two* auf einer 3,5-Zoll-Diskette, die sowohl auf dem PC als auch auf dem Atari ST/STE läuft.

Let's do the mall

War früher der *Sunday in the park* typisch für das Wochenende, so ist's heute der *Sunday in the mall*. Die *shopping mall*, das Einkaufszentrum, ist eine Stadt im kleinen. Gleich mehrere große Kaufhäuser sind Teil der *mall*. Würde man nicht pausenlos von *muzak* und *elevator music* (Hintergrundmusik) beschallt, würde das Personal nicht immer «Can I help you?» fragen, das Leben in der *mall* wäre durchaus erträglich. So aber muß man brav antworten «I'm just looking», ich sehe mich nur um.

Täglich bis 21 Uhr geöffnet, bietet die *mall* auch am Wochenende ideale Einkaufsmöglichkeiten. Teenies hängen einfach nur rum *(hanging out, hanging around)*, Oma läßt sich die Haare machen, während Opa wieder mal die letzten Dollars für CDs verschleudert. Im *food court* lassen sich Leckereien wie *cinnamon rolls, chocolate-chip cookies* und *ice cream* wegputzen. Die *mall* hat alles, in der *mall* gibt es alles, und vor der *mall* ist ein Riesenparkplatz. Im Winter dienen die Einkaufspaläste in den kälteren Bundesstaaten auch als Auslauf für Jogger, die vor den eisigen Winden in die wohlbeheizten Hallen fliehen, um noch vor der eigentlichen Öffnungszeit ihre einsamen Runden zu drehen.

Der Erfolg der *malls* bedeutete gleichzeitig das Aus für die Innenstädte. Der CBD, *central business district*, die *downtown* (Innenstadt) ist tot, bevölkert nur von Montag bis Freitag. Nach Büroschluß sind die Straßen wie leergefegt, das Leben findet überall statt, nur nicht in der Innenstadt. *Urban revitalization projects*, Projekte zur Innenstadterneuerung, versuchen inzwischen zu retten, was noch zu retten ist. *Malls* werden nun in alten Bahnhöfen eingerichtet, alte Kaufhäuser versucht man in Neubau- und Sanierungsprojekte zu integrieren. Die weitflächige *mall* der Vorstadt, die alles zu ebener Erde bietet, wird in der *downtown* zu einem vielgeschossigen Einkaufsturm. Übrigens erscheinen den Amerikanern unsere Fußgängerzonen wie eine *mall*: viele Geschäfte nah beieinander, nur leider nicht komplett überdacht.

Fürs Wohnen ist in der Innenstadt kaum noch Platz. Wer es sich leisten kann, zieht hinaus ins Grüne. Der *American dream* ist der Traum vom Haus in der *suburb*, der rasengrünen Vorstadt. Doch auch hier herrscht Angst vor Überfällen und Einbrüchen. Immer mehr Wohnstraßen werden von Mauern umgeben und von Toren geschützt, die nachts verschlossen werden. Ein Viertel kann kaputtgehen – *the neighborhood goes bad* – und selbst Nachbarschaftskomitees, die nachts freiwillig als Patrouille ausschwärmen, können da wenig ausrichten.

In a shopping mall

He has B.O. Er hat Körpergeruch.

He farted/let one rip/cut the cheese. ⟨!⟩ Er hat gefurzt.

I gotta take a dump. ⟨!⟩ Ich muß mal kacken.

the restroom öffentliche Toilette

They'll croak. Die werden eingehen.

P.U.! Igitt! Das stinkt!

After dinner

I'm glad you could drop by. Ich bin froh, daß du mal vorbeischauen konntest.

Let's do lunch sometime. Laß uns irgendwann mal zusammen Mittag essen.

Let's do the mall. Laß uns irgendwann mal zusammen zum Einkaufszentrum fahren.

I'm all tied up. Ich habe alle Hände voll zu tun.

Keep in touch. Wir bleiben in Verbindung.

Gimme a buzz. Ruf mich mal an.

Gotcha. Alles klar.

See ya. Bis die Tage.

Fäkalsprache, Teil 1: furzen

to break wind, to cut the cheese ⟨!⟩, to fart, to let one fly ⟨!⟩, to let one rip ⟨!⟩, to let one slip ⟨!⟩, to pass gas

Fäkalsprache, Teil 2: kacken

to crap ⟨!⟩, to drop a load ⟨!⟩, to dump a load, to go No. 2 (sprich: number two), to lay a log ⟨!⟩, to poop ⟨!⟩, to shit ⟨!⟩, to take a crap ⟨!⟩, to take a dump ⟨!⟩, to take a shit ⟨!⟩

Slang

In a shopping mall
Art and Dan are going to the food court on the top floor of the mall while their wives shop. As the elevator starts moving, Art smells something terrible.

Art: Hey, what's that smell?

Dan: What? I don't smell anything. Maybe you got **B.O.**

Art: Did you **fart**?

Dan: What?

Art: **Let one rip**? **C'mon**, **fess up**.

Dan: Well, **um**, **you see**, well, I couldn't **hold it in** any longer. **It just slipped out**.

Art: I don't believe it, **Jesus**, you **pig**! You had to wait till we're in an elevator going to the top floor before you **cut the cheese**. You couldn't **hold it in**, huh?

Dan: **All right already**. Stop **raggin' on** me. I'm sorry. I gotta **take a dump** and the **restrooms** are on the top floor. What else do ya want me to say?

Art: Well, I hope nobody gets on before we get there. They'll **croak** if they **get a whiff of** this. **P.U.!** **Geez**, if the smell doesn't **do me in**, the **muzak** will.

After dinner
After a pleasant evening together, May sees Liz to the door. They say good-bye and talk about meeting again.

Liz: **Thanks** for **havin'** me over. I **had a great time**.

May: I'm glad you could **drop by**.

Liz: **Thanks again** for dinner. We'll have to **do lunch** sometime.

May: **Swell**, but not this week. I'm **all tied up** with work, if ya know what I mean.

Liz: **Yeah**, me too. Maybe we could **do the mall** some weekend.

May: Okay, **keep in touch**. **Gimme a buzz** in two weeks **or so**, okay?

Liz: **Gotcha**. **Thanks again**. **G'bye**.

May: **See ya**. **Bye**.

Art: Dan, what's that smell?

Dan: What? I don't smell anything. Maybe you have **body odor**.

Art: Did you **release gas from the intestines**?

Dan: What?

Art: **Release gas**? **Art, tell the truth**.

Dan: Well, **(filler)**, **(filler)**, well, I couldn't **prevent it from coming out** any longer. **I released gas unintentionally**.

Art: I don't believe it. **(Disgust!)**. You **filthy person**! You had to wait until we're in an elevator going to the top floor before you **release gas**. You couldn't **prevent it from coming out, could you**?

Dan: **Enough**. Stop **criticizing** me. I'm sorry. I **have to defecate** and the **public toilets** are on the top floor. What else do you want me to say?

Art: Well, I hope nobody enters the elevator before we reach our destination. They'll **die** if they **smell this. This smells very bad**! **(Disgust!)**, if the smell doesn't **kill me**, the **background music** will.

Liz: **Thank you** for **entertaining me at your home. I really enjoyed myself**.

May: I'm glad you could **come here**.

Liz: **I'd like to thank you once again** for dinner. We'll have to **eat lunch together** sometime.

May: **Great**, but not this week. I'm **very busy** with work, if you know what I mean.

Liz: **Yes**, me too. Maybe we could **go to the mall** some weekend.

May: Okay, **contact me again**. **Phone** me in **about** two weeks, okay?

Liz: **I understand. I'd like to thank you once again. Good-bye**.

May: **See you later. Good-bye**.

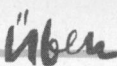

---

1. Suchen Sie den Slang-Ausdruck. Nummer 1 hat drei Antwortmöglichkeiten.

1. furzen
2. jemanden kritisieren
3. Stuhlgang haben
4. jemanden anrufen
5. sich amüsieren
6. sterben
7. etwas riechen
8. mit jemandem zu Mittag essen
9. viel zu tun haben
10. jemanden umlegen

a croak
b get a whiff of something
c tied up
d fart
e do lunch
f cut the cheese
g rag on someone
h have a great time
i let one rip
j give someone a buzz
k take a dump
l do someone in

2. Kreuzen Sie die Standard-Version an, die dem Slang-Ausdruck am nächsten kommt.

1. Gotcha. You don't have to explain anymore.
    a I'm holding on to you.
    b I understand you.
    c I hate you.

2. What is that smell? **P.U.!**
    a That smells good.
    b That smells bad.
    c I don't know what it is.

3. All right already. Stop criticizing me.
    a You are right.
    b I agree with you.
    c You have said enough.

4. You want to have dinner with me? **Swell!**
    a Good!
    b Impossible!
    c I'm busy!

5. I'm glad we could get together. **Keep in touch**!
    a Please kiss me!
    b Please phone me!
    c Please stay away from me!

6. Oh no! You have **B.O.**
    a You smell bad.
    b You are ill.
    c You look tired.

3. Vervollständigen Sie den Slang-Dialog.

Swell / dropping by / Give me a buzz / Gotcha / Thanks again / See ya / having me over / do lunch / tied up

Tom invited Jan to his apartment for dinner. They've finished eating and it's time for Jan to go home.

Jan: Well, Tom, your new apartment is beautiful. Thanks for **(1)** … . I had a great time.
Tom: I'm glad you enjoyed yourself. Thanks for **(2)** … .
Jan: Let's **(3)** … sometime. There's a new Italian restaurant near my office.
Tom: **(4)** … ! How about next week?
Jan: Well, we're really busy at work. I'll be **(5)** … with some new customers all next week. **(6)** … on Monday and we'll make a date.
Tom: **(7)** … ! Drive carefully.
Jan: I will. **(8)** … . G'bye.
Tom: **(9)** … . Bye.

4. Wie geht's weiter? Bilden Sie Satzpärchen.

1. I have to cut the cheese.	**a** Where's the john?
2. I don't like this music.	**b** I hate muzak.
3. I gotta take a dump.	**c** Give me a buzz soon.
4. Keep in touch.	**d** I had bean soup for lunch.
5. Gotcha.	**e** You don't have to repeat that.

Fäkalsprache, Teil 3: pinkeln

to go No. 1, to pee, to piss ⟨!⟩, to take a piss ⟨!⟩, to take a leak ⟨!⟩, to take a whiz ⟨!⟩

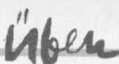

What didja say? Common contractions used by Americans

Hören Sie die Sätze, und benutzen Sie beim Nachsprechen die Kontraktion «wanna». Zur Kontrolle hören Sie dann noch einmal den Sprecher.

Standard English:	I **want to** hold your hand.
Slang:	I **wanna** hold your hand.

Standard English:	I **want a** cup of coffee.
Slang:	I **wanna** cuppa coffee.

Note: **Wanna** kann nicht mit **he, she** oder **it** benutzt werden.

1. I want to fix you up with someone.
2. They want to meet us later.
3. We want to go to a bar.
4. You want to go, don't you?
5. They want a new set of wheels.
6. I want a beer.
7. You want to piss me off.
8. I want to buy some new threads.
9. We want to give you a lift.
10. I only want to help.
11. You want a piece of cake?
12. I want to write a check.

Hören Sie jetzt die Fragen, und benutzen Sie auch hier beim Nachsprechen die Kontraktion «wanna». Zur Kontrolle hören Sie dann noch einmal den Sprecher.

Standard English:	**Do you want to** hold my hand?
Slang:	**Wanna** hold my hand?

Standard English:	**Do you want a** cup of coffee?
Slang:	**Wanna** cuppa coffee?

1. Do you want a lift?
2. Do you want to dance?
3. Do you want a light?
4. Do you want to make love?
5. Do you want to do lunch?
6. Do you want to get together?
7. Do you want a hand? (*bedeutet:* some help)
8. Do you want a kiss?
9. Do you want to head home?
10. Do you want to grab a bite?
11. Do you want to take a dip?
12. Do you want to turn in?

Ich muß mal!

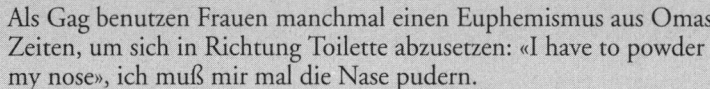

bathroom Bad, gemeint ist aber oft das Klo
restroom Toilette in Restaurants und Raststätten
I have to go to
the bathroom. Ich muß mal aufs Klo.

Als Gag benutzen Frauen manchmal einen Euphemismus aus Omas Zeiten, um sich in Richtung Toilette abzusetzen: «I have to powder my nose», ich muß mir mal die Nase pudern.

Stores, Läden

convenience store	24-Stunden-Laden
deli	Feinkostladen, reichlich *sandwiches* zum Mitnehmen
department store	Kaufhaus
drugstore	Drogeriemarkt
gas station	Tankstelle
hardware store	Eisenwarenhandlung
liquor store	Schnapsboutique
shopping mall	Einkaufszentrum

So sagt man zu «pleite sein»

She´s flat broke.
She´s stone-broke.
She´s busted.
She´s down and out.
She doesn´t have a cent.
She doesn´t have a cent to her name.
She doesn´t have a red cent.

After work

Blah-blah-blah!
Bla, bla, bla!

**bounce
(a check), to**
(Scheck) platzen
lassen

broke, to be
pleite sein

Bullshit! ⟨!⟩
Dummes Ge-
schwätz!

**bummer: What
a ~ !** Was ein
Mist, das ist echt
dumm!

bundle, a
Stapel, Haufen
Geld

candy bar, a
Schokoriegel

care about, to
sich interessie-
ren für

cash a check, to
Scheck einlösen

checker, a
Kassierer/in

Christ! ⟨!⟩
Himmel!

conk out, to
verrecken (Ma-
schinen)

crap ⟨!⟩ Quatsch,
dummes Zeug,
Geschwätz

damn ⟨!⟩
verflucht

Drop it! Hör
auf damit!

**drop someone
off, to** jeman-
den (mit dem
Auto) irgendwo
absetzen

eats, some was
zu futtern

**elevator: The ~
doesn't go all
the way to the
top.** Der/die ist
nicht besonders
helle, intelli-
gent.

**every once in a
while** ab und
zu

**express lane,
the** Schnell-
kasse im Super-
markt

Fill'er up! Auf-
tanken bitte!

**fix someone up
with someone,
to** zwei Leute
miteinander ver-
kuppeln

**float someone
a loan, to** je-
mandem Geld
pumpen

food court
Imbißtheken
im Einkaufs-
zentrum

Gee! Mann!

**give someone a
lift, to** jeman-
den (mit dem
Auto) mitneh-
men

**hang a left/
right, to** rechts/
links abbiegen

**have a one-
track mind, to**
immer nur an
eins (Sex!) den-
ken

**have one's nose
buried in (a
book), to** in-
tensiv in einem
Buch lesen

**hit the ceiling,
to** vor Wut an
die Decke sprin-
gen

hitch a ride, to
als Anhalter
mitgenommen
werden

It's nothing!
Schon gut!

**keep one's trap
shut, to** die
Klappe halten

leg it, to zu
Fuß gehn

Like to, but ...
Ich würde ganz
gerne, aber ...

looker, a gut-
aussehende
Person

mag, a
Magazin

melons, two ⟨!⟩
volle Brüste

moolah, some
Geld

No prob! Kein
Problem!

off: I'm ~ to ...
Ich gehe jetzt
zu ...

oodles 'ne
ganze Menge

or something
oder so

payday Zahltag

**pay with plastic
money, to** mit
der Kreditkarte
zahlen

plaything, a
Spielzeug

quit: a body that won't ~ ein Körper, an dem alles am rechten Fleck sitzt

quitting time Feierabend

run out of gas, to kein Benzin im Tank haben

shut: to ~ one's trap ⟨!⟩ den Mund halten

something: or ~ oder so

swing by (a place), to mal eben (irgendwo) vorbeifahren

tag along, to mitkommen

talking to a wall, to be like als ob man gegen eine Wand spräche

threads, some Klamotten, Fummel

tide one over, to einen finanziell über Wasser halten

trap: to shut one's ~ ⟨!⟩ den Mund halten

while: every once in a ~ ab und zu

write a check, to einen Scheck ausstellen

muzak, some Hintergrunddudelmusik

P.U.! Igitt! Pfui Teufel!

pig, a Schwein, Wutz

rag on someone, to jemanden nerven

restroom, a öffentliche Toilette

rip: let one ~ ⟨!⟩ einen fahren lassen

take a dump, to ⟨!⟩ kacken

In a shopping mall

B.O. *body odor*, Körpergeruch

croak, to verrecken, eingehen

cut the cheese, to ⟨!⟩ furzen

do someone in, to jemanden ins Grab bringen

fart, to ⟨!⟩ furzen

Fess up! Gib's zu!

get a whiff of, to eine Duftwolke abkriegen

Hold it in! Laß es nicht raus, kneif den Hintern zusammen!

let one rip, to ⟨!⟩ einen (Furz) fahren lassen

After dinner

Bye! Tschüs!

do a place, to einen Ort besuchen

do lunch, to zusammen zu Mittag essen

drop by, to mal reinschauen

give someone a buzz, to jemanden mal anrufen

Gotcha! Alles klar!

have someone over, to jemanden zu Besuch haben

keep in touch, to in Verbindung bleiben

See ya! Bis dann!

so: ... or ~ oder so, so ungefähr

Swell! Prima!

Thanks again! Schönen Dank noch mal!

tied up with, to be viel zu tun haben

Prüfstand

1. Was paßt, a, b oder c?

1. I don't have any money. Would ya ... me a loan?
- **a** swim
- **b** float
- **c** lend

2. She doesn't have any money. She's ... .
- **a** broke
- **b** broken
- **c** out

3. I'm going there too. I'll give you a ... .
- **a** lift
- **b** jump
- **c** hitch

4. He really got angry. He hit the ... .
- **a** wall
- **b** floor
- **c** ceiling

5. I have five credit cards. I always pay with ... .
- **a** paper
- **b** metal
- **c** plastic

6. I need some money to ... me over until payday.
- **a** help
- **b** take
- **c** tide

7. My last check ... . I didn't have enough in the bank.
- **a** broke
- **b** bounced
- **c** hopped

8. He didn't take a shower today. He has ... .
- **a** P.U.
- **b** A.O.K.
- **c** B.O.

9. I'll give you a ... before I come over.
- **a** phone
- **b** buzz
- **c** swell

2. Haben Sie aufgepaßt?

1. Ein «nickel» ist ein
- **a** Kaninchen wie zum Beispiel Bugs Bunny.
- **b** ein 5-Cent-Stück.
- **c** ein Dollar-Schein.

2. Eine «bag lady» ist eine Obdachlose, die ihr Hab und Gut in Taschen mit sich herumträgt. Was aber ist ein «bag boy»?
- **a** Ein Obdachloser, der sein Hab und Gut usw. bla, bla, bla ...
- **b** Jemand, der im Supermarkt Lebensmittel in Einkaufstüten steckt.
- **c** Jemand, der gern «baggy» (weite) Kleidung trägt.

3. Die Umsatzsteuer in den USA heißt
- **a** sales tax.
- **b** value-added tax.
- **c** shipping and handling.

4. Der größte noch zirkulierende US-Geldschein ist die
- **a** 500-Dollar-Note.
- **b** 100-Dollar-Note.
- **c** 1000-Dollar-Note.

5. Kostenlose Telefonnummern in den USA beginnen mit
- **a** 0130.
- **b** 1-900.
- **c** 1-800.

3. Rätsel

1. Ein Laden mit begrenztem Sortiment, der aber rund um die Uhr geöffnet hat.
2. Hintergrundbeschallung im Einkaufszentrum.
3. Standardfrage beim Bezahlen.
4. Ein Scheck, der nicht gedeckt ist.
5. Am Monatsende gibt's vom Chef den sehnsüchtig erwarteten ...

4. Wie sagen Sie's im American Slang? Ordnen Sie zu.

1. Prima!   **a** See ya!

2. Alles klaro!   **b** No prob!

3. Bis dann!   **c** Fill'er up!

4. Pfui Teufel!   **d** Swell!

5. Kein Problem!   **e** Gotcha!

6. Auftanken!   **f** P.U.!

Schlüssel

Üben 1

1. 1. c 2. c 3. a 4. c 5. c 6. c 7. a 8. a 9. a 10. b

2. 1. a 2. c 3. a 4. a 5. c 6. c 7. a, b 8. b 9. b

3. 1. foe 2. foe 3. foe 4. foe 5. foe

4. 1. d 2. c 3. i 4. b 5. a 6. f 7. g 8. e 9. h

Üben 2

1. 1. beaut 2. rubber 3. folks 4. grand 5. clunker 6. do-hickey 7. elbow grease 8. fuzzbuster

2. 1. b 2. a 3. b 4. a 5. c 6. c 7. a 8. b 9. a

3. 1. b 2. c 3. a 4. a 5. a

4. 1. i 2. e 3. a 4. f 5. b 6. h 7. d 8. c 9. g

5. 1. e 2. f 3. h 4. a 5. b 6. i 7. g 8. c 9. d

Prüfstand 1 und 2

1. 1. a 2. c 3. b 4. b 5. c 6. b 7. a 8. c

2. 1. b 2. c 3. b 4. b

3. 1. pickup 2. breathalyzer 3. breakfast radio 4. designated driver 5. driver's license

4. 1. c 2. d 3. f 4. i 5. g 6. a 7. b 8. h 9. e

5. 1. b 2. a 3. a 4. b 5. a

Üben 3

1. 1. c 2. f 3. h 4. b 5. k 6. d 7. e 8. g 9. l 10. j 11. i 12. a

2. 1. friend 2. foe 3. foe 4. friend 5. foe 6. foe 7. friend 8. foe 9. foe 10. friend

3. 1. c 2. c 3. b 4. b 5. a 6. a

Üben 4

1. 1. foe 2. foe 3. friend 4. friend 5. friend 6. foe 7. foe 8. friend 9. friend

2. 1. f 2. i 3. e 4. j 5. c 6. a 7. b 8. d 9. g 10. h

3. 1. c 2. a 3. b 4. b 5. a 6. b 7. a 8. b 9. c

4. 1. c 2. a 3. a 4. b 5. b 6. b 7. c 8. a 9. a

5. 1. d 2. f 3. a 4. e 5. b 6. c

Prüfstand 3 und 4

1. 1. c 2. c 3. b 4. c 5. a 6. a 7. a 8. b

2. 1. a 2. c 3. c 4. b

3. 1. to go Dutch (treat) 2. Bible belt 3. Lover's Lane 4. bouquet 5. father of the bride

4. 1. e 2. i 3. a 4. h 5. d 6. b 7. c 8. f 9. g

5. 1. b 2. a 3. a 4. b 5. a

Üben 5

1. 1. c 2. b 3. c 4. c 5. a 6. b 7. b 8. a 9. c 10. a 11. c

2. 1. b 2. a 3. b 4. c 5. b 6. a

3. 1. d 2. f 3. b 4. e 5. a 6. c 7. j 8. i 9. l 10. g 11. k 12. h

4. 1. booze, hangover 2. on the rocks 3. plastered 4. john 5. slammed, lightweight 6. pit stop 7. it's on me 8. mother

Schlüssel

Üben 6

1. 1. b 2. c 3. a 4. a 5. b

2. 1. c 2. b 3. c 4. a 5. a 6. c 7. b 8. b

3. 1. burger 2. with the works 3. order 4. fries 5. small 6. coke
7. go easy on 8. to go

4. 1. no 2. no 3. no 4. yes 5. yes 6. yes 7. yes 8. no 9. yes

5. 1. g 2. i 3. e 4. b 5. h 6. c 7. a 8. d 9. f

6. 1. d 2. f 3. j 4. a 5. h 6. e 7. b 8. k 9. i 10. c 11. g

Prüfstand 5 und 6

1. 1. a 2. b 3. c 4. c 5. b 6. b 7. b 8. c

2. 1. b 2. b 3. a 4. a 5. b

3. 1. all you can eat 2. scoop 3. diet coke 4. to nuke, to zap
5. commercial

4. 1. A burger with the works. 2. A cup of decaf. 3. I'll have the scrambled
eggs. 4. An order of fries. 5. Check, please. 6. A whiskey on the rocks.
7. I gotta (have to) take a leak. 8. Let's eat out. 9. I'm sicka (sick of) pizza.

Üben 7

1. 1. foe 2. friend 3. friend 4. foe 5. friend 6. friend 7. foe 8. friend

2. 1. i 2. f 3. a 4. g 5. k 6. h 7. c 8. b 9. j 10. d 11. e 12. l 13. m

3. 1. c 2. a 3. e 4. b 5. f 6. d

4. 1. b 2. b 3. a 4. c 5. b 6. a 7. a 8. c

5. 1. b, f 2. j 3. i 4. c, d 5. m 6. h 7. a 8. g 9. e 10. k 11. l

6. 1. d 2. g 3. f 4. i 5. e 6. h 7. j 8. c 9. b 10. a 11. k

Üben 8

1. 1. a 2. b 3. b 4. c 5. a 6. c 7. b 8. b 9. c 10. c

2. 1. a 2. f 3. g 4. b 5. h 6. d 7. i 8. e 9. c

3. 1. c 2. g 3. i 4. a 5. d 6. h 7. e 8. f 9. b

4. 1. friend 2. friend 3. foe 4. foe 5. foe 6. foe 7. foe 8. friend 9. foe

5. 1. cinch 2. soap 3. crummy 4. buff 5. veg 6. date 7. reruns
8. regular 9. meatmarket

6. 1. c 2. c 3. a 4. b 5. a 6. c 7. a 8. b 9. c 10. c

Schlüssel

Prüfstand 7 und 8

1. **1.** a **2.** b **3.** b **4.** c **5.** b **6.** b **7.** c **8.** a **9.** c

2. **1.** b **2.** a **3.** a **4.** a **5.** b

3. **1.** b **2.** c **3.** b **4.** a **5.** b

4. **1.** d **2.** e **3.** h **4.** a **5.** i **6.** c **7.** b **8.** g **9.** f

Üben 9

1. **1.** yes **2.** yes **3.** no **4.** no **5.** yes **6.** yes **7.** yes **8.** no **9.** no **10.** no **11.** yes **12.** yes **13.** yes **14.** no

2. **1.** c **2.** a **3.** b **4.** a **5.** c **6.** c **7.** a **8.** a **9.** c

3. **1.** b **2.** c **3.** c **4.** a **5.** b **6.** a **7.** c **8.** b **9.** c **10.** a

Üben 10

1. **1.** d, f, i **2.** g **3.** k **4.** j **5.** h **6.** a **7.** b **8.** e **9.** c **10.** l

2. **1.** b **2.** b **3.** c **4.** a **5.** b **6.** a

3. **1.** having me over **2.** dropping by **3.** do lunch **4.** Swell **5.** tied up **6.** Give me a buzz **7.** Gotcha **8.** Thanks again **9.** See ya

4. **1.** d **2.** b **3.** a **4.** c **5.** e

Prüfstand 9 und 10

1. **1.** b **2.** a **3.** a **4.** c **5.** c **6.** c **7.** b **8.** c **9.** b

2. **1.** b **2.** b **3.** a **4.** b **5.** c

3. **1.** convenience store **2.** muzak **3.** Cash, check or credit card? **4.** rubber check **5.** paycheck

4. **1.** d **2.** e **3.** a **4.** f **5.** b **6.** c

Wörterbuch

Das Wörterbuch führt sämtliche Slang-Ausdrücke und -Wendungen aus den Dialogen auf. Die Seitenzahl gibt an, in welchem Dialog der Ausdruck zum erstenmal auftaucht. Die Tilde (~) steht stellvertretend für das Stichwort. Beispiel: «shit: Holy ~!» lautet ausgeschrieben «shit: Holy shit!».

A

A.O.K. 48 *1a, super*
about: How ~ you? 66 *Und du?*
ain't 68 *Slang-Form von I'm not, you're not, he isn't usw.*
All right already. 42 *Is' ja schon gut.*
all riled up, to be/get 96 *aufgebracht sein/werden*
animal, an 42 *Tier, Vieh*
ass: tight ~ ⟨!⟩ 48 *Pedant*
ass: to kick someone's ~ ⟨!⟩ 16 *jemanden vermöbeln*
asshole, an ⟨!⟩ 16 *Arschloch*
at … sharp 48 *Punkt … Uhr*
awesome 94 *wahnsinnig*

B

B.O. 132 body odor, *Körpergeruch*
babe 42 *Biene, Puppe, Käfer*
babe, a 94 *flotter Käfer*
baby, a 24 *Kiste, Ding, Maschine*
backseat driver, a 24 *alles besser wissender Beifahrer*
bang someone, to ⟨!!⟩ 96 *jemanden vögeln, durchknallen*
Barf! 76 *Kotz, würg!*
barf, to 48 *kotzen*
bash, a 48 *Fete, Party*
basket case, a 42 *Hirntote/r*
bat: like a ~ out of hell 16 *blitzartig, wie von der Tarantel gestochen*
be like, to 48 *hier: sagen*
beat, to 78 *übertrumpfen, ausstechen*
beat: ~s me! 78 *Da bin ich überfragt! Keine Ahnung!*
beaut, a 24 *Schönheit*
Benz, a 16 *Mercedes-Benz*
bet: I ~ … 104 *ich könnte wetten, ich wette…*
betcha: I ~ (bet you) … 106 *Ich wette mit dir, daß …*
bimbo, a 42 *dumme Trulla*

bitch of, a ⟨!⟩ 76 *ein Scheiß-…*
bitch, a ⟨!!⟩ 42 *dummes Weib, Schnecke*
bitch, to ⟨!⟩ 24 *rummäkeln*
bitchin' ⟨!⟩ 94 *herrlich, wunderbar*
bite: to ~ someone's head off 42 *jemanden kritisieren, fertigmachen*
black (coffee) 66 *schwarzer Kaffee*
black eye: to give someone a ~ 16 *jemandem ein blaues Auge verpassen*
Blah-blah-blah! 122 *Bla, bla, bla!*
blast, a 94 *'ne Wucht*
blimp, a ⟨!⟩ 96 *meist weiblicher Fettsack*
blow a joint, to: 94 *von einem Ort verschwinden*
blow the whole wad, to 104 *das gesamte Geld verjubeln*
blow: to ~ one's mind 24 *haut einen um, Wahnsinn*

blow: to ~ someone away 24 *haut einen um, reißt einen mit*

bod, a 94 *Körper*

boobs, two ⟨!⟩ 104 *Möpse, Titten*

boobtube, the 106 *Glotze*

booger, a 48 *Popel*

booze, some 68 *Alkohol, Schnaps*

bounce (a check), to 122 *(Scheck) platzen lassen*

Boy! 24 *Junge, Junge!*

boys, the 104 *die Jungs, Kumpels*

bozo, a 42 *Trottel*

brat, a 78 *verzogenes Balg*

break up: to ~ with someone 48 *mit jemandem Schluß machen*

break: ~ it up! 16 *Schluß jetzt!*

break: Give me (gimme) a ~ 16 *Jetzt mach aber mal halblang!*

brewski, a 94 *Bier*

bring home the bacon, to 106 *Lohn nach Hause bringen*

broke, to be 122 *pleite sein*

brown bag it, to 76 *zum Mitnehmen eintüten*

buck, a 68 *Dollar*

buckle up, to 24 *sich anschnallen*

bud: Hey, ~! 16 *Alter Junge!*

buddy, a 96 *Kumpel*

buff 106 *muskulös*

Bullshit! ⟨!⟩ 122 *Dummes Geschwätz!*

bummer: What a ~ ! 122 *Was ein Mist, das ist echt dumm!*

bundle, a 122 *Stapel, Haufen Geld*

burger joint, a 78 *Hamburger-Schnellrestaurant*

burger, a 78 *Hamburger*

burn rubber, to 24 *Kavalierstart hinlegen*

bury: He has his nose buried in a book 122 *Er liest intensiv in einem Buch*

bust one's butt, to 106 *sich anstrengen, sich den Arsch abrennen*

butt ugly 48 *häßlich wie die Nacht*

buy: You're ~ing. 94 *Du zahlst die Zeche.*

Bye! 132 *Tschüs!*

C

C'mon! 24 *Auf geht's, mach doch!*

call it quits, to 48 *zu einem Ende kommen, Schluß machen*

candy bar, a 122 *Schokoriegel*

cannonball, a 94 *Arschbombe vom Sprungbrett*

care about, to 122 *sich interessieren für*

cash a check, to 122 *Scheck einlösen*

catch some rays, to 94 *sonnenbaden*

cent: to not have a ~ on me 24 *keinen Pfennig in der Tasche haben*

cheapskate, a 68 *Geizhals*

check someone/something out, to 94 *sich jemanden / etwas genau ansehen*

check, the 68 *Rechnung*

checker, a 122 *Kassierer / in*

cheer up, to 48 *Kopf hoch, laß dich nicht hängen*

chick, a 94 *Puppe, Käfer, Biene, Schnecke*

---

chicken, to be 16 *Angst haben*

chill out, to 24 *sich abregen, beruhigen*

chip in, to 24 *Geld dazulegen, beisteuern*

Christ! ⟨!⟩ 122 *Himmel!*

chug, to 104 *wegpumpen, schlucken*

cinch, to be a 106 *kinderleicht sein*

classy 106 *nobel, edel*

clean: to ~ one's plate 68 *Teller leer essen*

clunker, a 24 *Schrottkiste*

cocky, to be 16 *unverschämt sein*

coke, a 78 *Coca-Cola*

cold one, a 94 *kühles Bier*

come down with something, to 94 *an etwas erkranken*

come on: to ~ to someone 48 *jemanden anmachen*

come: ~ing right up! 66 *Kommt sofort!*

come: He came in his shorts ⟨!!⟩ 104 *Orgasmus kriegen: Er hatte eine Ejakulation, während er noch seine Boxer-Shorts anhatte.*

conk out, to 122 *verrecken (Maschinen)*

cool 96 *cool*

cop, a 16 *Polizist*

corner: to ~ like it's on rails 24 *geht in die Kurve, als würde er auf Schienen rollen*

couch potato, a 106 *Fernsehsüchtiger, der immer nur vor der Glotze hängt*

count on someone/something, to 48 *auf jemanden / etwas zählen*

coupla, a 68 *ein paar*

Cowabunga! 94 *Kampfruf der Teenage Mutant Ninja Turtles, Comic strip- und Cartoon-Helden*

Wörterbuch

crap ⟨!⟩ **122** *Quatsch, dummes Zeug, Geschwätz*
cream someone, to 104 *jemanden abziehen, niedermachen, besiegen*
cream, some 66 *Kaffeemilch*
creep, a 48 *Widerling*
croak, to 132 *verrecken, eingehen*
Cross my heart! 48 *Ehrenwort*
cruising for a bruising, to be 96 *auf eine Abreibung zusteuern*
crummy 106 *schäbig, mies*
cupcake, a 94 *süßes Mädchen*
cut it out, to 106 *Klappe, Schluß jetzt*
cut the cheese, to ⟨!⟩ **132** *furzen*
cute 94 *gutaussehend, süß*

D

dad 48 *Vati*
dammit! ⟨!⟩ **24** *verflucht*
damn ⟨!⟩ **122** *verflucht*
Damn it! ⟨!⟩ **106** *Verdammt!*
date, a 48 *Verabredung, Rendezvous*
date: It's a ~! 106 *Abgemacht, wir sind verabredet!*
decaf (coffee) 66 *entkoffeinierter Kaffee*
dense 106 *schwer von Begriff, doof*
did: That ~ it! 16 *Jetzt ist mir endgültig der Kragen geplatzt!*
die: I'm dying of hunger! 76 *Ich bin am Verhungern!*
dish out, to 16 *verteilen*

do a place, to 132 *einen Ort besuchen*
do eighty, to 24 *achtzig Meilen in der Stunde laufen*
do lunch, to 132 *zusammen zu Mittag essen*
do someone in, to 132 *jemanden ins Grab bringen*
do-hickey, a 24 *Dingsbums, Dingens*
dog, a ⟨!⟩ **96** *unattraktive Frau*
doggie bag, a 76 *Tüte für Reste*
doozie, a 16 *nicht von schlechten Eltern; ein Knaller, ein Power...*
double date, to 48 *Verabredung zu viert*
dough, some 24 *Geld*
drag someone somewhere, to 104 *jemanden irgendwohin mitzerren*
drag: What a ~! 104 *So was Ödes! Ätzend!*
dream: Are you ~ing? 16 *Du machst wohl Witze, träumst wohl?*
drive someone up the wall, to 106 *jemanden zum Wahnsinn treiben*
drop by, to 132 *mal reinschauen*
Drop it! 122 *Hör auf damit!*
drop someone off, to 122 *jemanden (mit dem Auto) irgendwo absetzen*
dude, a 94 *Typ, Macker*
dump someone, to 42 *mit jemandem Schluß machen, jemanden sitzen lassen*
dump, a 106 *Schweinestall*
dunno: I ~ 48 *keine Ahnung*

E

eat a horse: I'm so hungry I could ~. 66 *Ich bin so hungrig, ich könnte ein Pferd verdrücken.*
eat on the run, to 76 *schnell was in sich reinstopfen*
eat out, to 76 *im Restaurant essen, essen gehen*
eats, some 122 *was zu futtern*
elbow grease, some ITS *Fleiß, Anstrengung*
elevator: The ~ doesn't go all the way to the top. 122 *Der / die ist nicht besonders helle, intelligent.*
enough: That's ~ outta you! 78 *Still jetzt, kein Wort mehr von dir!*
every once in a while 122 *ab und zu*
Excuse me for living! 78 *(ironisch) Gnade, tut mir leid, daß es mich gibt.*
express lane, the 122 *Schnellkasse im Supermarkt*

F

fanny, a 104 *Hintern, Po*
fart, to ⟨!⟩ **132** *furzen*
Fat chance! 106 *(ironisch) Riesenchance*
fat lip: to give someone a ~ 16 *jemandem eine dicke Lippe verpassen*
fatso, a ⟨!⟩ **96** *meist männlicher Fettsack*
feel like: I don't ~ ... 76 *Ich habe keinen Bock auf ...*
fender-bender, a 16 *Unfall mit Blechschaden*
Fess up! 132 *Gib's zu!*
fifty-fifty 68 *halbe-halbe*
Fill'er up! 122 *Auftanken bitte!*

Wörterbuch

Fine with me! 42 *Prima, bestens, in Ordnung, gern!*

fix someone up with someone, to 122 *zwei Leute miteinander verkuppeln*

flat-broke, to be 48 *völlig pleite*

flat-out lie, a 42 *dreiste Lüge*

flat: in six seconds ~ 24 *in lockeren sechs Sekunden*

float someone a loan, to 122 *jemandem Geld pumpen*

floor it, to 24 *Vollgas geben, Pedal durchtreten*

folks, the 24 *Eltern*

foot the bill, to 68 *die Rechnung übernehmen*

for here: Is this ~ or to go? 78 *Für hier oder zum Mitnehmen?*

fork over, to 68 *rüberschieben*

fortune: worth a ~ 16 *ein Vermögen wert*

four-eyes, a 48 *Brillenglotzer*

fox, a 48 *gutaussehende Person*

freak out, to 48 *ausflippen, durchdrehen*

freeze one's ass/butt/buns off, to ⟨!⟩ 94 *sich den Arsch abfrieren*

freeze: It's ~ing. 94 *Es ist saukalt.*

fridge, a 76 *Kühlschrank*

fries, some 78 *Pommes, Fritten*

Fuck you! ⟨!!⟩ 42 *Leck mich doch!*

fuck: Get the ~ outta here! ⟨!!⟩ 42 *Mach die Fliege, aber flott!*

fuck: to ~ with someone ⟨!!⟩ 16 *mit jemandem sein Spielchen treiben*

fuck: What the ~ ...?! ⟨!!⟩ 16 *Was zum Teufel ...?!*

fucker, a ⟨!!⟩ 16 *Arschloch*

fuckin' ⟨!!⟩ 16 *verdammt*

fuddy-duddy 96 *altmodisch*

fussy 78 *mäklig, wählerisch*

fuzzbuster, a 24 *Radardetektor*

G

Gee! 122 *Mann!*

geek, a 48 *Dödel, doofe Nuß*

Geez! 24 *Mensch, Manno-Mann*

get a load of, to 94 *guck dir das an*

get a whiff of, to 132 *eine Duftwolke abkriegen*

Get back here! 94 *Komm sofort wieder hierher!*

get burnt to a crisp, to 94 *von der Sonne verschmort werden*

get going, to 94 *los, auf jetzt*

get hitched, to 48 *unter die Haube kommen*

get it, to 106 *kapieren, verstehen*

get on one's nerves, to ITS *auf die Nerven fallen*

get one's butt in gear, to 94 *sich in Bewegung setzen*

get one's shit together, to ⟨!⟩ 104 *sich zusammenreißen*

Get out of here! 42 *Mach, daß du fortkommst!*

Get real! 94 *Bleib auf dem Teppich! Komm zurück auf den Boden der Realität!*

get ripped off, to *ausgenommen werden*

get someone's drift, to 96 *verstehen, worauf einer raus will*

get the hang of, to 106 *den Bogen raus haben*

get: ~ back here! 42 *Mach, daß du herkommst!*

get: I'll ~ it. 68 *Ich übernehme das.*

get: to ~ away with something 16 *ungestraft davonkommen*

get: to ~ one's hopes up 16 *sich (falsche) Hoffnungen machen*

getup, a 96 *Ausstaffierung, Kleidung*

gimme (= give me): ~ a break! 16 *Jetzt mach aber mal halblang!*

Gimme five! 24 *Begleitspruch bei Handschlag unter Freunden*

girl, a 48 *feste Freundin*

give head, to ⟨!!⟩ 42 *jemandem einen blasen*

give someone a buzz, to 132 *jemanden mal anrufen*

give someone a lift, to 122 *jemanden (mit dem Auto) mitnehmen*

give someone a ring, to 104 *jemanden anrufen*

give something another shot, to 106 *etwas noch einmal versuchen*

give: ~ it a rest. 42 *Komm mal von dem Thema runter.*

give: to ~ someone lip 78 *sich bei jemandem beschweren*

go Dutch (treat), to 48 *auf getrennte Kosten ausgehen*

go easy on ..., to 78 *nicht so viel ...*

go for a dip, to 94 *schwimmen gehen*

go steady, to 48 *miteinander gehen*

go, to 48 *hier: sagen*

God! ⟨!⟩ 48 *Mensch!*

Wörterbuch

goody-goody, a 48 *Mamas Liebste / r, Musterkind*
goof around, to 104 *rumkaspern*
goose someone, to 104 *jemandem in den Po kneifen*
goosebumps, to have 16 *Gänsehaut kriegen*
Gosh! 78 *Mensch!*
got: You ~ it! 66 *Kein Problem, kriegen Sie!*
Gotcha! 132 *Alles klar!*
Gotta light? 42 *Haste mal Feuer?*
grab a bite, to 76 *was zu beißen besorgen*
grab: How does that ~ you? 76 *Was hältst du davon?*
grab: to ~ some food 76 *was zu beißen besorgen*
grand, a 24 *1000 Dollar*
gross 78 *widerlich, kotzig*
grounded, to be 48 *Ausgangsverbot haben*
growl: My stomach is ~ing. 66 *Mein Magen knurrt.*
grub, some 66 *Futter*
grumpy 78 *mies drauf, schlecht gelaunt*
gunk, some 78 *schlabbriges Zeug*
guy, a 42 *Typ*

H

hand: with one ~ behind my back 16 *etwas mit links erledigen*
hang a left/right, to 122 *rechts / links abbiegen*
Hang on! 94 *Immer mit der Ruhe, nur nichts überstürzen! Moment mal!*
hang out, to 94 *rumhängen*
hangover, a 68 *morgendlicher Kater*
haul ass, to ⟨!⟩ **24** *abdüsen wie nix*

haul out, to 76 *rausnehmen, rausholen*
have a cow, to 78 *einen Anfall kriegen*
have a crush on someone, to 48 *in jemanden verknallt sein*
have a good time, to 48 *sich amüsieren*
have a looksie, to 24 *sich etwas anschauen*
have a one-track mind, to 122 *immer nur an eins (Sex!) denken*
have nerve, to 42 *Nerven haben, Unverfrorenheit besitzen*
have one's nose buried in (a book), to 122 *intensiv in einem Buch lesen*
have only one thing on one's mind, to 106 *nur an eine Sache denken können*
have someone over, to 132 *jemanden zu Besuch haben*
have the same: I'll ~. 66 *Das Gleiche für mich.*
have: to not ~ a cent on me 24 *keinen Pfennig in der Tasche haben*
head, to 42 *(hin)gehen*
heap of junk, a 24 *ein Haufen Schrott*
Hell if I know! ⟨!⟩ **24** *weiß der Teufel wie*
Hell, yes! ⟨!⟩ **66** *Aber klar doch!*
hell: The ~ with it! ⟨!⟩ **106** *Zum Teufel damit!*
hell: What the ~ ... ⟨!⟩ **16** *Was zum Teufel ...!*
helluva... ⟨!⟩ **24** *ein Mords...*
Hey! 24 *Hallo!*
hicktown, a 66 *Kuhdorf*
hit (a place), to 94 *(einen Ort) aufsuchen*
hit on someone 42 *jemanden anmachen*

hit the ceiling, to 122 *vor Wut an die Decke springen*
hit the spot, to 94 *gut tun, genau das Richtige sein*
hitch a ride, to 122 *als Anhalter mitgenommen werden*
Hold it in! 132 *Laß es nicht raus, kneif den Hintern zusammen!*
hold on: ~ a minute! 42 *Moment mal!*
hold: ~ the bacon 66 *den Speck weglassen*
holler, to 16 *rumschreien*
Holy shit! ⟨!⟩ **42** *Heilige Scheiße!*
honey 76 *Schatz, Liebling*
hook something up, to 24 *anschließen, installieren*
hoover in (food), to 96 *(Essen) runterschlingen (abgeleitet von der Staubsaugermarke «Hoover»)*
hop in, to 24 *einsteigen*
hopping 96 *gut abgehen, auf vollen Touren laufen*
horny ⟨!!⟩ **42** *geil, scharf*
hot 104 *heiß (sexy)*
hot spot, a 94 *heißer Treffpunkt, Szene-Kneipe*
How about you? 66 *Und du?*
How do you want ...? 66 *Wie willst du ... (zubereitet haben)?*
How does that grab ya? 76 *Was hältst du davon?*
Huh? 104 *Was? Häh?*
hunk, a 48 *Modellathlet*

I

instant: this ~ 42 *sofort*
It's nothing! 122 *Schon gut!*
It's on me. 68 *Ich zahle.*

Wörterbuch

J

jammin' 96 gute Musik machend
Jeepers! 24 Hey-hey-hey, was ist denn los?
Jesus! ⟨!⟩ 42 Herr im Himmel!
jock, a 48 Sportlertyp
john, the 68 Klo
joint, a 94 Spelunke, Kneipe
joke: Can't you take a ~ ? 96 Verstehst du denn keinen Spaß?
junk food, some 78 minderwertiges Schnellfutter
junk, some 24 Schrott

K

keep in touch, to 132 in Verbindung bleiben
keep one's trap shut, to 122 die Klappe halten
KFC, a 66 Kentucky Fried Chicken
kick: to ~ someone's ass ⟨!⟩ 16 jemanden vermöbeln
kid, to 94 witzeln, Spaß machen, juxen
kiss and make up, to 42 küssen und sich versöhnen, vertragen
knock it off, to 94 aufhören, ein Thema aufgeben
knock-out, a 104 heiße Braut
know: Wouldn't you ~ it. 42 Es ist nicht zu fassen!
knuckle sandwich, a 68 Kinnhaken

L

lady: my old ~ 104 meine Alte, Angetraute
lady: the old ~ 94 Mutter
lay off, to 68 bleiben lassen, «entlassen»
lay, a good ⟨!!⟩ 42 Person, die gut im Bett ist
lead foot, a 24 Bleifuß
leg it, to 122 zu Fuß gehn
lemon, a 16 Schrottkiste
let one rip, to ⟨!⟩ 132 einen (Furz) fahren lassen
let someone down, to 48 jemanden enttäuschen, hängenlassen
lightweight, a 68 Konfirmand, nicht trinkfester Mensch
Like hell! ⟨!⟩ 24 Nie im Leben, das glaubst du ja selbst nicht!
like 24 wie, äh, mir fehlen die Worte, irgendwie
Like to, but … 122 Ich würde ganz gerne, aber …
lip: to give someone ~ 78 sich bei jemandem beschweren
Listen up! 42 Jetzt hör mir mal gut zu!
live: Excuse me for ~ing! 78 (ironisch) Gnade, tut mir leid, daß es mich gibt.
loaded, to be 106 reich sein
looker, a 122 gutaussehende Person
loony 42 bekloppt, Bekloppter
Lordy! 104 O Mann!
loser, a 48 Versager

M

mad as hell ⟨!⟩ 16 stinksauer
mag, a 122 Magazin
main drag, the 94 Hauptstraße
make a beeline for …, to 96 sich auf … stürzen
make a pit stop, to 68 Pinkelpause machen
make love, to 42 miteinander schlafen
make the first move, to 42 sich ranmachen, den ersten Schritt machen
make: That ~s $ … 78 Das macht $ …
mall, a 104 Einkaufszentrum
Man alive! 104 Herr im Himmel!
Man! 94 Mensch!
man: the old ~ 48 der alte Herr, Vater
McD's, a 66 McDonald's
mean 24 cool, geil
meanest, the 76 das Unglaublichste, Beste, Coolste
meatmarket, a 106 Abschlepper-Kneipe
melons, two ⟨!⟩ 122 volle Brüste
mental 106 beknackt, verblödet
mercury, the 94 Quecksilber, Thermometer
mingle, to 96 sich unters Volk mischen
Mister 42 (ironisch) mein Herr
Mom 24 Mutti
moolah, some 122 Geld
Mornin' 66 guten Morgen
mother of a …, a 68 ein Mords…
muzak, some 132 Hintergrunddudelmusik

N

Naaw! 48 Nee!
name: The ~'s Dot. 66 Ich bin Dot.
nerd, a 48 Strebertyp
nerve, some 42 Unverfrorenheit
nightcap, a 42 Gutenachttrunk
No going! 42 Nie und nimmer!

Wörterbuch

No prob! 122 *Kein Problem!*

No shit! ⟨!⟩ 24 *Das gibt's doch nicht!*

No shit, Sherlock! ⟨!⟩ 24 *Das gibt's doch nicht!*

No way! 48 *Nie im Leben, niemals!*

Not! 24 *Ätsch, ganz das Gegenteil! (Das zuvor Gesagte wird verneint. Populär seit «Wayne's World».)*

Nothing much! 78 *Nichts Besonderes!*

Nothing to it! 76 *Das ist ein Kinderspiel! Kinderleicht!*

nut, a 48 *Beknackter*

nutso, a 104 *Bekloppter*

O

off: I'm ~ to ... 122 *Ich gehe jetzt zu ...*

Oh no, you don't! 48 *Ganz und gar nicht!*

Okay by me. 66 *Geht in Ordnung.*

old lady, the 94 *Mutter, Alte*

old man, the 48 *der alte Herr, Vater*

on the rocks 68 *mit Eiswürfeln*

on: It's ~ me. 68 *Ich zahle.*

oodles 122 *'ne ganze Menge*

or something 122 *oder so*

order, an 78 *eine Portion*

out of here: I'm ~! 42 *Ich bin schon fort, ich verdrücke mich.*

out of one's mind, to be 94 *völlig übergeschnappt sein*

over and smashed: I'll have my eggs ~. 66 *auf dem zerlaufenen Dotter gebacken*

over-easy: I'll have my eggs ~. 66 *auf dem Dotter gebacken*

owe someone one, to 48 *jemandem einen Gefallen schulden*

P

P.U.! 132 *Igitt! Pfui Teufel!*

pack a lunch, to 76 *ein Mittagessen einpacken*

pack: The fridge is ~ed. 76 *Der Kühlschrank ist knallvoll.*

park oneself, to 104 *sich hinsetzen, hinpflanzen*

partypooper, a 94 *Spielverderber*

pass out, to 76 *in Ohnmacht fallen*

payday 122 *Zahltag*

peek out, to 104 *rausgucken*

pick one's nose, to 48 *in der Nase bohren*

pick someone/something up, to 48 *jemanden / etwas abholen*

pick up someone, to 94 *jemanden abschleppen*

pick up: to ~ the tab 68 *die Rechnung übernehmen*

piece of cake, to be a 106 *kinderleicht*

pig out, to 76 *sich den Bauch vollschlagen*

pig, a 132 *Schwein, Wutz*

piss poor ⟨!⟩ 104 *armselig, miserabel*

pits, to be the 48 *ein Jammer, ein Elend*

place, a 68 *Kneipe, Restaurant*

plastered 68 *vollgesoffen*

plastic money, some 122 *Kreditkarte*

play with oneself, to ⟨!!⟩ 96 *masturbieren*

plaything, a 122 *Spielzeug*

pop out, to 104 *rausspringen, -fallen*

pop, to 76 *reinstecken*

pork out, to 78 *sich den Bauch vollschlagen*

prick, a ⟨!!⟩ 42 *Penis, Schwanz*

pull over, to 24 *fahr mal ran*

pull someone's leg, to 96 *jemanden veräppeln, hochnehmen*

punk, a 16 *Rotzlöffel*

pure hell ⟨!⟩ 24 *die reine Qual*

purr: an engine that ~s 24 *ein Motor, der wie 'ne Katze schnurrt*

push one's luck, to 16 *sein Schicksal herausfordern; den Bogen überspannen*

pussy, a ⟨!!⟩ 96 *Muschi, Möse*

put away, to 68 *wegpumpen, verdrücken*

put: ~ the butter on the side. 66 *die Butter extra, nicht draufschmieren*

put: ~'em up! 16 *Schlag schon zurück, Fäuste hoch, jetzt wird gekämpft*

put: to ~ the pedal to the metal 24 *Gaspedal durchtreten*

Q

quickie, a 42 *schnelle Nummer im Bett*

quit: a body that won't ~ 122 *ein Körper, an dem alles am rechten Fleck sitzt*

quitting time 122 *Feierabend*

Wörterbuch

R

rag on someone, to 132 jemanden nerven

raid the fridge, to 78 den Kühlschrank plündern

real 24 echt

reek, to 42 stinken

regular, a 106 Stammgast

rerun, a 106 Wiederholung im TV

restroom, a 132 öffentliche Toilette

rip: let one ~ ⟨!⟩ 132 einen fahren lassen

Roger! 24 Alles klaro!

rolling in dough, to be 68 in Geld schwimmen

rubber, a ⟨!⟩ 48 Kondom

rubber: to burn ~ 24 Kavalierstart hinlegen

run out of gas, to 122 kein Benzin im Tank haben

run: to ~ a red light 16 bei Rot über die Ampel

run: to ~ into a car 16 zusammenstoßen

rush hour, the 16 Berufsverkehr

S

Same here! 48 Das gleiche für mich!

sandwich: a knuckle ~ 68 Kinnhaken

scarf down, to 104 runterschlingen

scope (out) the crowd, to 96 die Leute unter die Lupe nehmen, auschecken

scorcher, a 94 extrem heißer Tag

scrambled: ~ eggs 66 Rührei

screw around, to ⟨!!⟩ 48 rumvögeln

screw, to ⟨!!⟩ 96 vögeln

scuz bucket, a 48 schleimig-widerlicher Typ

see someone, to 48 mit jemandem regelmäßig ausgehen

See ya! 132 Bis dann!

see: You'll ~! 24 Du wirst schon sehen!

set foot in …, to 24 … betreten

set of wheels, a 24 vierrädriger Untersatz

set someone up with someone, to 48 zwei Leute verkuppeln

shades, some 94 Sonnenbrille

sharp: at … ~ 48 Punkt …Uhr

shell out, to 24 Geld ausspucken

shit ⟨!⟩ 42 Scheiße

Shit! ⟨!⟩ 24 Scheiße

shit: not give a ~ ⟨!⟩ 42 interessiert nicht die Bohne

shit: not worth ~ ⟨!⟩ 16 keinen Pfifferling wert sein

shit: to not take ~ from someone ⟨!⟩ 16 sich nicht von jemandem anmachen / beleidigen lassen; sich nichts gefallen lassen

shitcreek: to be up ~ ⟨!⟩ 48 in der Tinte sitzen, in der Scheiße stecken

shop till you drop, to 104 einkaufen bis zum Umfallen

shortie, a 16 Zwerg, Kleinwüchsiger

shorts, a pair of 104 Männerslip

show up, to 104 auftauchen

Shut up! ⟨!⟩ 94 Halt die Klappe!

shut: to ~ one's trap ⟨!⟩ 122 den Mund halten

sick of something, to be 76 von etwas die Nase voll haben

sick, to be 48 krankhaft

skimpy 66 mickrig

skin-tight 104 hauteng

skip: to ~ a meal 76 eine Mahlzeit auslassen

slam (a beer), to 68 (ein Bier) wegpumpen

slam: to ~ on the brakes 16 auf die Bremsen latschen

slave, to 78 sich kaputtarbeiten

slip out, to 132 rausrutschen

slut, a ⟨!!⟩ 42 Schlampe, Frau mit häufig wechselnden Partnern

smackers, some 24 Dollars, Kröten, Mäuse

smart aleck, a 78 Klugscheißer

smoke, a 42 was zum Rauchen

so: … or ~ 132 oder so, so ungefähr

soap, a 106 Seifenoper, TV-Serie

something: or ~ 122 oder so

son of a bitch, a ⟨!!⟩ 16 Arsch, Hundesohn

sound: ~s good. 76 Klingt vernünftig.

spiked 96 alkoholangereichert

split (the bill), to 68 (den Rechnungsbetrag) teilen

starving, to be 76 am Verhungern sein

stick around, to 94 noch ein bißchen dableiben

stoked 24 aufgeregt

straight-up 68 pur

stud, a 42 Hengst, guter Liebhaber

stuff, some 78 Zeug, Zeugs, Kram

stuff: to ~ one's face 78 sich mit Essen vollstopfen

stuffed 68 voll satt

Wörterbuch

suck up to someone, to 48 *sich bei jemandem anbiedern*

suck: That really ~s! ⟨!⟩ 104 *Das ist echt ätzend, bescheuert, doof, elend!*

sue: to ~ someone's pants off 16 *jemanden bis auf den letzten Heller verklagen*

sunny-side up: I'll have my eggs ~. 66 *normales Spiegelei*

supper, some 76 *Abendessen*

sure 42 *klaro*

sure 78 *echt, wirklich*

Sure, right! 48 *(ironisch) Aber klar doch, sicher!*

sweat like a pig, to 94 *schwitzen wie ein Schwein*

Swell! 132 *Prima!*

swing by (a place), to 122 *mal eben (irgendwo) vorbeifahren*

T

tag along, to 122 *mitkommen*

take a dump, to ⟨!⟩ 132 *kacken*

take a leak, to ⟨!⟩ 68 *pinkeln, urinieren*

take a peek, to 24 *mal gucken, ansehen*

take a spin, to 24 *eine Runde drehen*

Take it easy! 48 *Sieh's nicht so verbissen!*

take it easy, to 68 *sich nicht aufregen*

take off, to 42 *abhauen*

take-out, some 76 *Essen zum Mitnehmen*

take: I'll ~ it … . 66 *Ich will es … (soundso zubereitet).*

take: to ~ someone 16 *jemanden fertigmachen, verprügeln*

---

talk: Now you're ~in'! 16 *So klingt das schon viel besser!*

talking to a wall, to be like 122 *… als ob man gegen eine Wand spräche*

tape, to 106 *mit Videorecorder aufnehmen*

Thank God, it's Friday! 48 *Endlich Wochenende!*

thanks a bunch 48 *tausend Dank*

thanks a million 42 *tausend Dank*

Thanks again! 132 *Schönen Dank noch mal!*

There's nothing to it! 76 *Das ist ein Kinderspiel! Kinderleicht!*

threads, some 122 *Klamotten, Fummel*

tide one over, to 122 *einen finanziell über Wasser halten*

tied up with, to be 132 *viel zu tun haben*

tight ass, a ⟨!⟩ 48 *Pedant*

time: big ~ 24 *einen Haufen, ganze Menge*

time: in no ~ at all 24 *im Nu, ruckzuck*

tits, two ⟨!!⟩ 94 *Titten, Möpse*

to go: Is this for here or ~? 78 *Für hier oder zum Mitnehmen?*

told: I ~ you so! 24 *Ich habe dir's doch gleich gesagt.*

tons of 78 *tonnenweise*

totally 24 *absolut, total*

trap: to shut one's ~ ⟨!⟩ 122 *den Mund halten*

treat: His ~ ! 48 *er spendiert, er zahlt*

truck stop, a 66 *Fernfahrer-Raststätte*

trucker, a 66 *Fernfahrer*

tube, the 104 *Glotze, Fernseher*

---

turn in, to 106 *ins Bett gehen*

twist someone's arm, to 68 *jemanden mit Gewalt zu etwas bringen*

U

Uh-huh! 24 *Ja!*

Uh-oh! 24 *O nein!*

uptight 68 *aggressiv, stinkig*

V

VCR, a 106 *Videorecorder*

veg, to 106 *vegetieren*

veggies, some 78 *Gemüse*

Vette, a 48 *Chevrolet Corvette*

W

wait: I can't ~ 48 *Ich kann's kaum erwarten.*

walk on the wild side, to 42 *mal was riskieren; eine Affäre haben*

want: how do you ~ your…? 66 *Wie willst du … (zubereitet haben)?*

watch: to ~ one's language 16 *paß auf, was du sagst*

watch: to ~ one's mouth 16 *paß auf, was du sagst*

way: No ~, José! 68 *Kommt nicht in die Tüte!*

way: On its ~! 68 *Schon unterwegs!*

weirdo, a 104 *Verrückter*

What'll it be? 66 *Was darf's sein?*

What's got into you? 24 *Was ist denn in dich gefahren?*

What's up? 24 *Was gibt's (Neues)?*

Wörterbuch

wheels, some 24 *fahrbarer Untersatz*
Where the hell ... 104 *Wo zum Teufel ...*
Whew! 48 *erleichterter Seufzer*
while: every once in a ~ 122 *ab und zu*
whine, to 94 *jammern*
whip up, to 78 *herbeizaubern, zusammenrühren*
Whoopee! 94 *Hurra!*
whore, a ⟨!!⟩ 42 *Hure*
wild 42 *wild*
Will that/this do? 66 *Tut's das? Ist das so okay?*
wimp, a 94 *Waschlappen, Schlappschwanz*

wiped 48 *erledigt, k.o.*
Woof! ⟨!⟩ 96 *Bellgeräusch, bezieht sich auf «dog», eine wenig attraktive Frau*
word: Not another ~! 68 *Schluß jetzt! Ende der Debatte!*
works: with the ~ 78 *mit allem Drum und Dran*
Wouldn't you know it. 42 *Es ist nicht zu fassen.*
Wow! 24 *Mensch! Toll!*
wreck, a 16 *Wrack, Schrottkiste*
write a check, to 122 *einen Scheck ausstellen*

Y

Yeah! 24 *Ja, klaro!*
Yo! 96 *Hey, hallo!*
You're on! 94 *Abgemacht!*
Yuck! 78 *Kotz!*
Yum! 78 *Mmmh, lecker!*
Yummy! 78 *Lecker!*
Yup! 66 *Jawoll!*

Z

zap, to 76 *in der Mikrowelle aufwärmen*

Bildnachweis

Pamela Ann Tabbert 4, 14, 34, 54, 74, 94

Common contrations used by Americans
Die wichtigsten Kurzformen

«Time is money.» Daran liegt es vielleicht, daß gerade in Amerika die Sprache zu äußerster Ökonomie tendiert. Ein Ausländer, der zum erstenmal amerikanischen Boden betritt, könnte meinen, er sei auf dem falschen Kontinent gelandet, denn die Sprache der Einheimischen hört sich nach allem möglichen an, nur nicht nach den Klängen aus Lehrer Lämpels Englischkurs. Unser Tip: Vergessen Sie getrost alles, was Ihnen jemals über Amerika, die Amerikaner und Amerikanisch gesagt wurde, und gewöhnen Sie Ihr Ohr langsam an die neuen Laute. Klar, im Süden klingt es anders als im Norden, an der Ostküste anders als an der Westküste, und doch gibt es einige wichtige Grundregeln. Die folgende Liste von «shortcuts» dürfte helfen, sich schneller durch das linguistische Labyrinth hindurchzufinden: *Look on it as one of the last great adventures. Good luck!*

a	He's the father **a** the bride.
of	He's the father **of** the bride.

Andere Beispiele:

a buncha	a bunch of
a coupla	a couple of
kinda	kind of
lotsa	lots of
mosta	most of
ridda	rid of
sicka	sick of
sorta	sort of

better	You **better** leave now.
had better	You**'d better** leave now.

c'mon	**C'mon**! Let's go to the movies.
come on	**Come on**! Let's go to the movies.

'cause	Why? **'cause** we like you.
because	Why? **Because** we like you.
coulda	You **coulda** phoned.
Could have	You **could have** phoned.
couldna	I **couldna** done it better.
couldn't have	I **couldn't have** it better.
didja	What **didja** have for lunch?
did you	What **did you** have for lunch?
dunno	I **dunno** where the are.
don't know	I **don't know** where they are.
'em	I gave **'em** to my little brother.
them	I gave **them** to my little brother.
g'bye	**G'bye**. Thanks for the beer.
good-bye	**Good-bye**. Thanks for the beer.
gimme	**Gimme** your money or I'll shoot!
give me	**Give me** your money or I'll shoot!
gonna	I'm **gonna** be famous.
going to	I'm **going to** be famous.
got	They **got** three kids.
have (got)	They **have (got)** three kids.
gotta	**Gotta** cigarette?
do you have a ...?	**Do you have a** cigarette?
gotta	I **gotta** go to the bathroom.
have to	I **have to** go to the bathroom.
how's	**How's** he like his coffee? With sugar?
how does	**How does** he like his coffee? With sugar?
-in'	I'm **singin'** in the rain.
-ing	I'm **singing** in the rain.
lee'me	**Lee'me** alone.
leave me	**Leave me** alone.
lemme	My mom won't **lemme** keep it.
let me	My mom won't **let me** keep it.

musta **must have**	He **musta** gotten lost. He **must have** gotten lost.
'n **and**	I love rock**'n** roll. I love rock **and** roll.
ol' **old**	You can't teach an **ol'** dog new tricks. You can't teach an **old** dog new tricks.
outta (oudda) **out of**	He ran **outta** the room He ran **out of** the room
shoulda **should have** **shouldna** **shouldn't have**	You **shoulda** kissed him. You **should have** kissed him. You **shouldna** done that. You **shouldn't have** done that.
wanna **want to**	I **wanna** hold your hand. I **want to** hold your hand.
what's **what does**	**What's** she want? **What does** she want?
whatcha **what are you +** *Ergänzung?* **whatcha** **what do you +** *Ergänzung?*	**Whatcha** doing? **What are you** doing? **Whatcha** want to do? **What do you** want to do?
woulda **would have** **wouldna** **wouldn't have**	I **woulda** killed him. I **would have** killed him. I **wouldna** let him escape. I **wouldn't have** let him escape.
ya **you**	I'll call **ya** later. I'll call **you** later.
ya **are you +** *Ergänzung?*	**Ya** busy now? **Are you** busy now?